rororo Mit Kindern leben

Zu diesem Buch

Papa kommt nie pünktlich, Oma nervt schon wieder, und die Kinder trödeln unentwegt. Mama und Papa können sich mal wieder nicht einigen. Mama hat einen neuen Beruf und die Stiefmutter keine Ahnung. Jede Familie hat ihre Reizthemen, die für dicke Luft sorgen.

Viele Eltern, und gerade Mütter, fühlen sich gestresst, wenn es nicht so läuft wie geplant. Für sie weiß Jan-Uwe Rogge Rat: Chaos ist das halbe Leben, und keine Familie ist perfekt. Kinder kommen damit viel besser klar, als ihre besorgten Eltern annehmen. «Ohne Chaos geht es nicht» ist ein praktisches Plädoyer für die Kunst des Durchwurstelns in der Familie.

Bücher von Jan-Uwe Rogge

Kinder brauchen Grenzen (rororo 19366), Eltern setzen Grenzen (rororo 19756), Kinder können fernsehen (rororo 60753), Ängste machen Kinder stark (rororo 60640), Ohne Chaos geht es nicht (rororo 60975), Geschichten gegen Ängste (rororo 60977), Wenn Kinder trotzen (rororo 61659), Der große Erziehungsberater (rororo 61621), Kinder dürfen aggressiv sein (rororo 61981), Von wegen aufgeklärt! Sexualität bei Kindern und Jugendlichen (rororo 62141); *zusammen mit Bettina Mähler:* Irgendwie anders. Kinder, die den Rahmen sprengen (rororo 60966), Lauter starke Jungen (rororo 61539); *zusammen mit Angelika Bartram:* Spiele gegen Ängste (rororo 61719), Kleine Helden, großer Mut (rororo 21338).

Jan-Uwe Rogge

Ohne Chaos geht es nicht

13 Überlebenstipps für Familien

Rowohlt Taschenbuch Verlag

Herausgegeben von Bernd Gottwald

rororo Mit Kindern leben
und
die **Deutsche Liga für das Kind**

Partnerschaft für Eltern, Kinder und Familie

7. Auflage April 2008

Veröffentlicht im Rowohlt Taschenbuch Verlag,
Reinbek bei Hamburg, Oktober 2001

Umschlaggestaltung Britta Lembke
(Foto: TAKE)
Satz Palatino und Officina Sans PostScript, PageOne
Gesamtherstellung CPI – Clausen & Bosse, Leck
Printed in Germany
ISBN 978 3 499 60975 6

Inhalt

Ein Lob des Chaos. Vorwort

«Meine Mutter liest sehr viele Bücher über Erziehung, geht zu Vorträgen und Veranstaltungen wie dieser hier und kommt dann ganz aufgemischt wieder», vertraut mir der 12-jährige Thorben mit fester Stimme und ernster Miene auf einem Elternseminar an, zu dem auch Kinder eingeladen sind. «Ich glaube», schmunzelt er, «die bekommt bei Ihnen 'nen pädagogischen Joint.» Ich schaue ihn ungläubig an. «Was?» – «Na, was die Abhängigen nehmen, die Junkies. Meine Mutter ist schon richtig süchtig!» – «Wonach?» – «Sie müssten den Stapel von Erziehungsbüchern auf ihrem Nachttisch sehen.» Er schüttelt den Kopf: «Mensch, muss ich schlimm sein. Und wenn Mama dann bei Ihnen war, probiert sie alles aus, was Sie gesagt haben! Manches ist wirklich gut. Darauf muss man erst mal kommen. Sie denken wie einer von uns!» – «Wie meinst du das?» Er lacht: «Na, wie ein Kind!» – «Und wie denkt das?» – «Ganz einfach und ein bisschen schlitzohrig!» Thorben haut sich anerkennend auf die Schulter.

Aber er sei mir ständig einen Schritt voraus, erklärt er: Habe seine Mutter eine Lösung für einen seiner Tricks gefunden, hätte er schon was anderes auf Lager. «Und dann sehe ich förmlich, wie sie denkt, was jetzt wohl Herr Rogge dazu sagen würde! Eigentlich müssten Sie mir etwas von dem Honorar überweisen, das Sie von meiner Mutter bekommen.» Schließlich sorge er dafür, dass mir die Arbeit nicht ausgehe. Ich würde es mir überlegen, antworte ich, aber bei lauter Schlitzohren wie ihm verdiente ich ja dann nichts mehr! «Haben Sie auch wieder Recht», lenkt er ein. «Und was wünschst du dir von deiner Mutter?» – «Ach», meint er nach kurzem Nachdenken, «die ist schwer in Ordnung. Ich mag sie. Aber sie soll nicht alles so ernst nehmen, so richtig machen wollen, irgendwie soll sie auch mal mit dem Bauch denken.» Ich sehe ihn fragend an. «Na ja, mal was Unerwartetes machen, mal Blödsinn. Und mal lachen, wenn es nicht so klappt mit mir. Ich hab nun mal meine Macken. Gerade deshalb mag sie mich ja, weil ich ein Schlitzohr bin!»

Auf meine Bücher habe ich die vielfältigsten Reaktionen bekommen, auch viele Briefe von Kindern. Ihr Tenor war: Die Eltern seien im Prinzip in Ordnung, nur wollten sie alles richtig machen, ganz ohne Fehler erziehen. «Mama und Papa sind wie eine pädagogische Maschine», schrieb mir einst die 12-jährige Janina, «aber ich sorge dafür, dass sie ständig heiß läuft. Kommen Sie mal und sehen sich deren rauchende Köpfe an.»

Erwachsene können von Kindern lernen. Dieses Lernen ist spontan, intuitiv, anarchisch, manchmal gar chaotisch. Das sich am Kind orientierende pädagogische Handeln des letzten Jahrzehnts achtet Kinder nur reduziert: Es nimmt – mit Erfolg – kindliche Wünsche und Bedürfnisse ernst, es mahnt kindliche Rechte an. Die Heranwachsenden werden als Subjekte wahrgenommen, bleiben aber zugleich Objekte pädagogischer Bemühungen. Kinder sind jedoch nicht nur Lehrlinge, sie sind auch Lehrmeister. Kinder haben nicht selten einfache Mittel zur Hand, um komplizierte Situationen zu lösen. Ihren Gebrauch muss man sich von Kindern abschauen, und dann hat man mit einem Male wundersame Techniken zur Hand, mit denen verfahrene Situationen pragmatisch, schnell und unkompliziert gelöst werden können. Nur müssen Erwachsene dazu auf kindliche Äußerungen hören, kindliche Handlungen und deren Hintersinn verstehen und sie nicht vorschnell als Phantasterei abtun.

Kinder sind genaue Beobachter ihrer Eltern. Sie spüren deren vergebliche Versuche, fehlerfrei zu erziehen, alles im Griff zu haben. Manchen Eltern ergeht es wie Sisyphus: Kaum haben sie ein

Problem gelöst, steht schon die nächste Herausforderung vor der Tür. Aber – so meine Beobachtung – Eltern wollen ein Problem nicht nur lösen. Sie wollen es *perfekt* lösen. Manche streben den täglichen pädagogischen Oscar an und nehmen dabei fast jede Anstrengung und Mühsal in Kauf, suchen nach *dem* Rezept für ihr Problem, verwechseln mithin Kindererziehung mit Kochen. «Sie sollten», rät mir eine Briefschreiberin, «bei der Neuauflage Ihrer Bücher ein Stichwortverzeichnis einbauen, z. B. Aufräumen Seite 71 bis 75. Dann kann man Ihre Bücher noch besser gebrauchen.»

In Gedanken stelle ich mir vor, wie diese Mutter dann meine Veröffentlichungen benutzt: «Paul! Du hast schon wieder nicht aufgeräumt! Ich schlag jetzt nach und sage dir gleich, wie du aufzuräumen hast!» Das mag überspitzt klingen, umschreibt aber ein Problem elterlicher Erziehung der Gegenwart: den Perfektionismus, den zwanghaften Versuch, bloß keinen Fehler zu machen, hat man doch gelesen, ein Fehler in der Erziehung des Kindes könne dessen Entwicklung negativ beeinflussen. Deshalb erzieht man nicht nur, sondern man will perfekt erziehen, will das Beste für das Kind. Die 11-jährige Susan bemerkt dazu hintersinnig: «Mama will immer nur mein Gutes!» Mit einem philosophischen Unterton fragt sie: «Und was bleibt dann für mich übrig?»

Kein Vater, keine Mutter können je hundertprozentig sein. Aber da sie solche Unvollkommenheit schlecht ertragen, suchen sie nach Sündenböcken für das alltägliche Scheitern – und die sind schnell und zahlreich zur Hand: die Politik, die Gesellschaft, die Schule, die Lehrer, der Kindergarten, die Erzieher. Und können diese nicht als Sündenböcke herangezogen werden, weil sie den Heranwachsenden förderliche Rahmenbedingungen bieten, bleibt immer noch jemand übrig: das Kind, das den Eltern jeden Tag den Spiegel vorhält, in dem sie die eigenen Mängel erblicken. Und je perfekter die Eltern sein wollen, umso unerbittlicher hält das Kind den Spiegel vor. Eltern halten diese Konfrontation nicht aus und projizieren die eigenen Fehler auf die Kinder nach dem Motto: «Wenn du dich besser verhalten würdest, müsste ich dich nicht anschreien, bestrafen, reglementieren.»

Der Perfektionismus der Eltern macht Kinder zu Sündenböcken: Kinder, die einen Fehler gemacht haben, werden selbst zu einem. Machtkämpfe und unwürdiges Gezerre, unsoziales Miteinander und kindliche Rachefeldzüge für erfahrenes Unrecht sind nicht selten die Folge.

Statt nach einem nicht umzusetzenden Perfektionismus zu streben, käme es vielmehr auf den Mut zur Unvollkommenheit an, denn Unvollkommenheit ist menschlich. – «Ich bin unvollkommen, also bin ich», sagen die amerikanischen Autoren Howarth und Tras. Unvollkommenheit ermutigt, etwas Neues auszuprobieren, spornt an, etwas Überraschendes zu machen. Unvollkommenheit macht unverwechselbar, zeigt Kindern, wie Eltern an sich arbeiten, sich entwickeln. Denn der Antrag auf Vollkommenheit und Perfektionismus, den viele Eltern stellen, um den pädagogischen Oscar zu gewinnen, wird doch abgelehnt. Wichtiger ist es deshalb, dass Eltern ihre Schwächen und Fehler akzeptieren, zumal sie andere Menschen gerade aufgrund dieser Eigenschaften mögen. Dies trifft insbesondere auf Kinder zu, die aufgrund ihrer Fehler gern gemochte Schlitzohren sind. Der schmerzhafte Abschied vom Perfektionismus bedeutet gleichzeitig, von der Idee zu lassen, Erziehung sei ein planbarer Prozess. Kinder lassen sich nicht nach Plänen erziehen, schon gar nicht nach dem Motto, wonach einfach jedes Kind schlafen, Regeln lernen oder sauber werden *könne*.

Der 14-jährige Tom fragt seine Mutter, warum sie partout zu einem Vortrag über Pubertät wolle. «Du hörst dir das ja doch nur an, und es ändert sich nichts!», bemerkt er. In den folgenden Tagen fragt er nicht nach der Veranstaltung. Er scheint gleichgültig, man könnte es auch abwartend nennen. Nach etwa drei Wochen meint er zu seiner Mutter beim Mittagessen, dass sich der Vortrag für sie und ihn ja doch gelohnt habe. Auf das erstaunte «Warum?» der Mutter antwortet er fast beiläufig: «Du fragst nicht mehr nach den Hausaufgaben, seit du dort warst!» Auf das etwas forsche «Tja, ich lerne eben doch noch dazu!» erwidert Tom: «Aber warum musstest du denn erst dahin! Ich hab dir genau das doch schon häufig gesagt!» Mal abgesehen davon, dass Eltern pädagogische Autoritäten brauchen und den Weisheiten des Nachwuchses weniger Glauben schenken, macht die Situation deutlich, was der amerikanische Therapeut de Shazer «den Unterschied, der den Unterschied macht» genannt hat. Wenn Eltern das immer wieder Gleiche unendlich wiederholen, dann besteht für Kinder kein Grund, etwas zu ändern. Aber Heranwachsende reagieren, wenn Eltern anders handeln als gewohnt. Diese Andersartigkeit, so gering sie auch sein mag, kann erhebliche Auswirkungen auf die Beziehungen zwischen Eltern und Heranwachsenden haben.

Erziehungsprozesse verlaufen nach bestimmten Regeln, die aber jederzeit in chaotische Strukturen umschlagen können: Wenn das Kind aus dem Säuglingsalter in das Trotzalter kommt, ist das eine vergleichbare Herausforderung wie die Phase der Pubertät. Hält man dann an früher gültigen Regeln fest, kann das sowohl Stillstand und Friedhofsruhe bedeuten als auch Machtkampf und immer währenden Streit. Wer Kinder erzieht, der muss sich von der Idee verabschieden, alles sei pädagogisch machbar. Die Beziehungen zwischen Eltern und Kindern sind von Regeln und Chaos gleichermaßen geprägt. Anders formuliert: Erziehung ist eine gestaltende Kraft, die nicht selten chaotisch verläuft. Relativierende Faktoren sind sowohl kulturelle, soziale oder politische Rahmenbedingungen als auch genetisch bedingte kindliche Persönlichkeitsmerkmale. Für Eltern heißt das, das Chaos anzunehmen, es ansatzweise zu beherrschen und damit leben zu lernen. Verdrängen sie es, wollen es nicht wahrhaben, kommt es durch die Hintertür ständig in den pädagogischen Alltag und dominiert diesen.

Das Leben mit Kindern ist voll von Spontaneität, die Intuition erfordert. Da jedes Kind, jedes Familienleben einmalig ist, bietet jeder Tag etwas Neues, Überraschendes, Nichtvorhersehbares. Manchmal wirken pädagogische Handlungsmuster, ohne dass man weiß, warum. Ein anderes Mal erzieht man nach einem Rezept, und die Wogen kochen hoch, obwohl alle Zutaten stimmten. Nochmals: Erziehung ist eine gestaltende Kraft, der eine Ordnung innewohnt. Aber nicht immer weiß man, wie diese Ordnung funktioniert, warum pädagogische Maßnahmen bei einem Kind Früchte tragen und bei einem anderen nicht! Diese Art Ordnung ist mithin das halbe Leben, die andere Hälfte ist das Chaos. Und so wie man lernt, Ordnung zu akzeptieren, so kann man lernen, sich mit Chaos zu arrangieren. Das macht möglicherweise Angst, weil man sich wie auf einem schwankenden Schiff inmitten eines Orkans fühlt. Aber wer solche Unsicherheiten aushält, wer akzeptiert, dass Unvollkommenheit zum Leben und zur Erziehung gehört, der ist bereit, sich auf Neues, Unerprobtes einzulassen. Und das macht Eltern ebenso Mut wie Kindern, die längst spüren: Ohne Chaos geht es nicht.

Teil I
Alle Tage wieder

1. Der Wert des Bummelns

«Am Nachmittag erledige ich erst meine Hausaufgaben. Die muss ich absolut richtig machen, die kontrolliert meine Mutter. Und wenn sie nicht zufrieden ist, darf ich alles wiederholen.» Der 8-jährige Julian verzieht genervt das Gesicht. «Danach verabrede ich mich mit Freunden. Die wohnen weit weg. Deshalb fahr ich da mit dem Fahrrad hin. Als ich kleiner war, hat meine Mutter mich mit dem Auto gebracht. Das ist mir aber zu langweilig, und außerdem redet sie so viel, worauf ich aufpassen soll und so.»

Svenja, 7 Jahre, lächelt, als sie das hört. «Alleine darf ich nicht fahren. Da passiert so viel, sagen meine Eltern. Entführungen und so etwas. Deshalb spiel ich lieber drinnen. Und zweimal in der Woche habe ich nachmittags Unterricht, einmal Ballett und dann noch Geige. Ballett ist blöd. Das ist richtig Ernst wie in der Schule. Geige spiel ich gerne. Die Lehrerin ist richtig toll. Das macht Spaß.»

«Wir sind vor ein paar Monaten umgezogen», erklärt Fabian, «und wohnen jetzt auf dem Dorf. Ich hab viele Freunde, mit denen ich spiele. Nur wenn ich zum Fußball will, muss ich gefahren werden. Das mit dem Schulbus, das ist schon blöd. Da wird so viel gedrängelt und geschubst, und die Großen bestimmen immer über die Kleinen. In der Stadt konnte ich zu Fuß zur Schule. Das war besser. Da ist immer was Spannendes passiert. Einmal habe ich sogar 'nen Banküberfall gesehen.»

Kathrin reißt die Augen auf, als sie das hört: «So was darf ich nicht mal im Fernsehen anschauen! Das hast du gesehen?» Sie schaut Fabian fragend an. Der nickt. «Meine Eltern passen arg auf. Sie meinen es gut mit mir, sagen sie. Weil beide arbeiten, habe ich jeden Nachmittag etwas vor, damit es mir nicht langweilig wird: mal Nachhilfe in Rechtschreibung, mal Blockflöte, und dann gehe ich noch zum Turnen und zur Gymnastik, weil ich mich so schlecht bewege, wie mein Vater sagt.»

«Hast du das gut», findet der 9-jährige Thorben. «Ich bin nachmittags meistens alleine. Dann sitze ich am Computer oder seh fern. Oder ich stehe am Fenster und guck auf die Straße. Manchmal spiele ich mit einem Freund, aber häufig ist es ganz langweilig.»

Kindliche Tagesabläufe – das zeigen diese Gespräche – bewegen sich zwischen zwei Extremen. Das eine ist eine von Eltern und Institutionen vorgegebene Zeitstruktur, in die Kinder eingespannt sind: Sie gehen in die Schule oder den Kindergarten, sie kommen nach Hause oder gehen in den Hort, sie sind aktiv in Vereinen oder nehmen kulturelle Angebote wahr, sie machen Hausaufgaben oder haben Nachhilfeunterricht. Abends beschließt das Zubettgeh-Ritual die täglichen Abläufe. Dem entgegengesetzt ist die selbstbestimmte, frei gestaltete Zeit durch die Kinder: Das kann der Fußweg zur Schule wie der Weg nach Hause sein, das Fußballspiel mit Freunden am Nachmittag wie die Streifzüge durch Straßen und Wälder, das endlose Starren an die Zimmerdecke wie die unendlichen Wiederholungen einer Hörkassette.

In der Erziehung kommt es für alle Beteiligten darauf an, eine Balance zwischen den beiden Extremen herzustellen. Dominiert die funktionale Organisation, ist eine komplette Verplanung der Zeit die Folge; überwiegt die eigenbestimmte Zeit, verlieren sich Kinder darin, wird sie schier endlos – Überdruss und Langeweile sind die Folgen. Zwar setzen Kinder ihre Kreativität und subversive Phantasie gegen beide Extreme ein, gleichwohl kann man vier problematische Trends benennen, die die notwendige Balance von vor- und selbstbestimmter Zeit beeinträchtigen.

- Kinder lieben das Spiel im Freien, vor allem in der nächsten Umgebung. Aber oft fehlt die Wiese, der Park, der Wald, die zum spontanen Laufen und Toben auffordern und einladen. Spielplätze ziehen nicht selten Anfahrtswege nach sich, lassen – eingeschränkt durch Vorschriften und Regeln – kindliche Spontaneität nur begrenzt zu. Außenräume, die Kinder benutzen, sind häufig einsehbar und ziehen schnell elterliche oder erwachsene Reglementierungen nach sich. Auf manchem Spielplatz, in mancher Sandkiste geht es zu wie vor einem Affenkäfig: Dort spielen Kinder, die elterliche Dressurakte über sich ergehen lassen: «Jonathan, nicht mit dem Sand schmeißen!» – «Anja, lass das!» – «Robert, sei lieb!» – «Patrick, komm sofort her!» Fragt man Kinder, bevorzugen diese Räume, in denen sie sich unbeobachtet fühlen, in denen sie selbstvergessen und mit Hingabe spielen, sich ausprobieren und eigene Regeln erfinden können. Überspitzt formuliert: Zogen sich Heranwachsende früher *hinter* schützende Büsche und Sträucher zurück, sitzt heute *vor* oder in jedem Busch ein Vater oder eine Mutter, um alles und jedes zu beobachten. Und es kommt ihnen nur selten in den Sinn, dass sie Kinder damit in der Eigeninitiative hemmen und sie überfordern.
- Die viel befahrenen, geteerten oder gepflasterten Straßen, die Räume, die jeweils nur einzelne Funktionen (zum Matschen, Turnen, Bauen) zulassen, begrenzen kindliche Wirklichkeitserfahrungen weiter. Wenn Kinder sich Räume aneignen und erobern, geschieht das keineswegs nach Plan: Kinder bummeln, stromern herum, schauen, bleiben stehen, gehen vor und zurück – und dies in unendlichen Wiederholungen, die Erwachsenen stereotyp vorkommen. Dabei hat das immer wieder Gleiche aus der Sicht der Kinder tiefere Bedeutung. In der Wiederholung bauen sie Selbstvertrauen auf, geben sich Sicherheit, schaffen das Wissen, Situationen und Abläufe selbstbestimmt zu beherrschen. Dies hat den unschätzbaren

Wert, dass Kinder Selbstbewusstsein und Vertrauen in eigene Kräfte aufbauen. Schränkt man also selbstbestimmte Zeit- und Raumerfahrungen ein und gleicht sie durch ein pädagogisch überformtes Rahmenprogramm aus, hat das Konsequenzen: Statt Toben im Park gibt es Ballettunterricht, statt Raufereien Judo und Karate im Verein.

Ich habe nichts gegen eine Versportlichung des Kinderalltags oder eine Übertragung von kulturell-erzieherischen Aufgaben an Vereine, wenn sie sich am kindlichen Entwicklungsstand orientieren. Aber vergessen werden darf dabei nicht: Wenn Kinder von Ort zu Ort transportiert werden, um in den Genuss solcher Aktivitäten zu kommen, wirkt sich das auf das Zeitempfinden der Kinder aus. Aneinander gereihte Termine drücken, bestimmen das Tempo. Kinder brauchen jedoch Zwischenzeiten, um sich zu entspannen, abzuschalten oder auf das Neue einzustimmen. Und die sich spontan ergebenden Raufereien – an Regeln und Fairness gebunden – bieten eine kindorientierte Erlebnisqualität als Spiel- und Trainingseinheiten zu festgelegter Zeit und in einem vorbestimmten Rahmen.

- «Ja, soll man sich denn um nichts mehr kümmern?», höre ich nun Eltern fragen. «Wenn man Kindern nichts anbietet, von selbst kommen sie doch auf keine Ideen! Dann hängen sie den ganzen Tag herum, sehen fern oder kriechen in den Computer! Und schließlich kennt man ja Kinder, denen die Eltern völlig egal sind!» Zweifellos gibt es Heranwachsende, deren Alltag in nervtötender Eintönigkeit verläuft. So wie die genaue zeitliche Verplanung kindliche Eigeninitiative unterdrückt, so lässt zeitliche Grenzenlosigkeit Kinder allein. Sie verlieren sich, wissen nicht, woran sie sind. Ihnen fehlt es an Ritualen, die Alltagsabläufe strukturieren.

So bilden Kinder keine innere Uhr aus, die ihnen Orientierung bietet. Existiert diese nicht, fragen sie ständig nach der Zeit, sind unruhig, können sich nicht auf Abläufe oder Menschen einlassen, haben Angst, etwas Neues zu verpassen. Oder sie hängen herum, sind mit nichts und niemandem zufrieden – auch nicht mit sich selber. Sie trauen sich nichts zu, vertrauen andern nicht, sind Ritter von der traurigen Gestalt. Sie schlagen die Zeit tot, weil sie fürchten, sonst von ihr umgebracht zu werden. Kinder, denen eine zeitliche Orientierung fehlt, haben zugleich Schwierigkeiten, sich in Außenräumen zu bewegen, weil sie fürchten, sich dort zu verlieren. Deshalb ziehen sie sich in Binnenräume zurück, die Vertrautheit anbieten, benutzen die Fernseh- und Hörfunkprogramme, um sich zeitlich zurechtzufinden, ihren Nachmittagen Sinn zu verschaffen. Oder sie fliehen in die virtuellen Glitzerwelten der Computerspiele, die einen Anfang und ein Ende haben und jederzeit Wiederholungen zulassen, um sich von der Umwelt, die sie allein lässt, abzukapseln.

- Kinder sind häufig eingepasst in eine festgelegte Zeitorganisation, um die verschiedensten Interessen der Familienmitglieder aufeinander abzustimmen. Manchmal hat es sogar den Anschein, als stellten solche Abstimmungsgespräche den Hauptinhalt der Familienkommunikation dar. Aber unterbleiben diese Gespräche, regiert schnell das Chaos.
  Und damit dies nicht passiert, managen Eltern – insbesondere Mütter – die Aktivitäten ihrer Kinder, arbeiten als unbezahlte, aber viel beschäftigte Taxichauffeure. Immer weniger füllen Kinder die ihnen zur Verfügung stehende freie Zeit selbst aus. Müßiggang, Nichtstun oder «einfach mal nur so dasitzen» wird nicht gern gesehen und deshalb mit Sätzen wie «Hast du denn nichts anderes zu tun» oder «Ich hab dir doch ein schönes Buch geschenkt» unterbunden. Für mich ist deshalb nicht verwunderlich, dass es Kindern zunehmend schwer fällt, ihre Freizeit selbständig auszufüllen.

Im Übrigen geht die zeitliche Verplanung nicht spurlos an Kindern vorüber. Wenn man Kindern keine Muße lässt, fordert der Körper irgendwann sein Recht auf Entspannung, nimmt er sich Auszeiten, um zu regenerieren.

Alex, 7 Jahre, kommt mit seiner Mutter zu mir in die Beratung, weil er in der Schule durch plötzliche Zuckungen im Gesicht und unvermittelt ausgestoßene Laute aufgefallen ist. Er heule fast wie ein Wolf, meint die Mutter im telefonischen Vorgespräch. Auf die Aufforderung der Lehrer und seiner Eltern, dies zu unterlassen und sich mal zusammenzureißen, kommt Alex' stereotype Antwort, er könne dies nicht, es komme einfach so aus ihm heraus. Nur wenn er sich anstrengt, so beobachtet die Mutter, geht es vielleicht zwei Tage gut. Als ich ihn danach frage, warum er zu mir in die Beratung kommt, schmunzelt er viel sagend.

«Ich habe vier Macken, meint meine Mutter.» Ich runzle die Stirn: «Vier Macken?» Er nickt sofort. «Ich blinzle immer mit den Augen», was er mir auf der Stelle vorführt. «Jetzt mache ich es, weil ich es will. Aber sonst kommt es von allein.» Alex sieht mich an: «Und ich huste ständig. Ich huste und huste, und dabei bin ich gar nicht krank!» – «Ist das deine zweite Macke?» Alex nickt. «Und ich zucke immer mit dem Kopf oder schmeiße ihn in den Nacken.» Es macht ihm offensichtlich Spaß, mir das zu demonstrieren. «Jetzt mache ich das wieder freiwillig. Aber sonst kann ich nichts machen, das kommt einfach so.» Plötzlich räuspert er sich, schneidet zwei, drei Grimassen, als müsste er gähnen. «Alex! Bitte!», herrscht seine Mutter ihn an. «Reiß dich zusammen. Verdammt!» Alex holt tief Luft: «Und dann spiel ich noch mit meinen Haaren. Nicht immer. Aber häufig. Die dreh ich immer in den Fingern. Das ist meine vierte Macke!»

Er sieht mich fragend an: «Mama sagt, das sind schlechte Angewohnheiten. Wenn ich so weitermache, gehen die niemals weg. Ich würde dann aussehen wie ein Clown im Zirkus und alle würden über mich lachen. Du auch?» Ich schüttle den Kopf. «Sind das Macken, und kommt man damit ins Irrenhaus?», fragt er mit leiser Stimme. Ich lache ihn an: «Nein!» – «Siehst du!», ruft er zu seiner Mutter gewandt. – «Und woher, meinst du, kommen deine Macken?» – «Vom Fernsehen, von den Zeichentrickserien, sagt meine Mutter. Die würden mich nervös machen. Oder weil es mir zu langweilig ist, wenn ich nicht lerne.»

Er sieht mich an: «Siehst du auch die Simpsons so gerne?» – «Alex!», greift die Mutter ein. «Herr Rogge ist doch erwachsen!» – «Ich mag sie auch, aber ich seh sie nur selten.» – «Weil du so viel arbeitest, nicht?» Er macht eine Pause: «Muss ich meine Macken behalten, oder machst du sie mir weg?» – «Alex, das schaff ich nicht!» Er sieht mich irritiert, ein bisschen traurig an. «Der Einzige, der das schaffen kann, bist du!» – «Wirklich?» Er klingt ein bisschen zögerlich, dann strahlt er. «Und ich kann trotzdem die Simpsons weitersehen?» Skepsis liegt in seiner Stimme. – «Ich denk, das lässt sich machen!» Er strahlt übers ganze Gesicht, atmet tief auf und legt sich der Länge nach auf die Couch, auf der er gesessen hat, und schläft auf der Stelle ein, erschöpft und erleichtert zugleich.

Die Mutter ist dem Gespräch mit einer Mischung aus Irritation und Verwunderung gefolgt. Ich frage sie nach ihrer Einschätzung der «Macken». Ihre Antwort kommt schnell. Dafür seien die Fernsehsendungen, vor allen Dingen die Zeichentrickserien, verantwortlich, die er ständig anschaue. Zwar nicht zu Hause, aber bei den Großeltern und Freunden, wo sie ihn nicht kontrollieren könne. Was sie mache, damit Alex diese Zuckungen behalte, frage ich sie. Ihre Augen ziehen sich zusammen: «Ich verstehe Sie nicht.» Sie klingt ärgerlich: «Bin ich jetzt etwa die Schuldige? Das ist doch immer dasselbe, die Mütter haben Schuld!» Ich bleibe ruhig: «Was machen Sie, damit Alex sein Verhalten fortführt?» – «Vielleicht bin ich nicht hart genug. Mal übersehe ich seine Macken, mal nicht! Ich muss vielleicht strenger durchgreifen!» Ob er seine Macken immer habe, will ich wissen. Sie überlegt. «Nicht immer!» – «Wann nicht?» – «Na ja, wenn er mal mit Freunden von der Schule nach Hause geht. Und ich ihn nicht fahre. Oder der Turnunterricht ausfällt und er deshalb im Garten spielen kann!» Ich nicke.

Sie wirkt wütend: «Das läuft doch darauf hinaus, dass ich am Ende die Blöde bin!» Ich schaue sie fest an: «Ich suche nicht nach Schuldigen. Ich möchte Alex helfen, dass er seine Macken selbst besiegen kann. Nicht Sie! Und der Schlüssel liegt dort, wo er seine Macken nicht zeigt. Ich möchte Alex den Schlüssel geben, damit er ihn benutzen kann.» Ihr Gesicht entspannt sich, allmählich beruhigt sie sich. Ich lasse mir von ihr Alex' Tagesablauf schildern. Termin reiht sich an Termin. Alex bleibt keine Zeit zum Ausspannen. Dabei versucht die Familie nur das Beste: Reiten und Spieltherapie gegen die Zuckungen, Schlagzeugtraining, um Aggressionen auszuleben, das Fußballspiel im Verein, um sich an Regeln zu gewöhnen. Das sei sehr viel, bemerke ich. Alex bleibe kaum Zeit für sich. «Aber Alex macht doch alles gerne», beharrt sie, «und beim Sport kann er sich doch austoben.» Das stimmt, antworte ich. «Aber er hat keine Zeit, um abzuschalten, um zu sich selber zu kommen.» – «Aber was soll ich tun?»

Ich verschreibe ihr, gemeinsam mit Alex den Tagesablauf zu entrümpeln, Stunden und Situationen einzuführen, die nur Alex gehören. «Und was ist mit den Simpsons?», fragt sie ängstlich. «Wenn er möchte, kann er sie weiter sehen», versichere ich ihr. Alex hat die ganze Zeit geschlafen, aber beim Stichwort «Simpsons» ist er plötzlich hellwach. «Danke!», sagt er.

Die Eltern gehen mit Alex daran, die täglichen Abläufe aufzulockern: Zwei feststehende Termine werden ganz gestrichen, stattdessen Spielzeiten mit Freunden eingeführt. Zudem wird seinem Wunsch stattgegeben, eine Stunde täglich allein in seinem Zimmer sitzen zu dürfen, um zu spielen, zu malen, zu bauen und zu träumen. Alex richtet sich im Keller des Hauses eine Wutecke ein – bestehend aus einem Sandsack, Boxhandschuhen und einem Beißtuch. In die Wutecke wolle er gehen, wenn er ein wütendes, zorniges Kribbeln im Bauch verspüre, erklärt er. «Und dann beiß ich in das Tuch, wie in einen Apfel.» Das habe er einmal bei den Simpsons gesehen. Und um wirklich allein zu sein, bringt er eine Tafel an seiner Zimmertür an, die anzeigt, ob er Besuch wünscht oder nicht.

Den Eltern fällt es anfangs schwer, die Ideen ihres Sohnes anzunehmen. Vor allem die Mutter ist voller Skepsis. In einem Familienrat beschließt man, die angestrebten Veränderungen für ein Vierteljahr durchzuhalten, um dann die Resultate zu überprüfen. Doch positive Veränderungen stellen sich schon nach kurzer Zeit ein. Das plötzliche Augenblinzeln und das Ausstoßen unvermittelter Laute nehmen ab, das Spiel mit den Haaren wird weniger. Nur das Räuspern während des Sprechens hält sich noch längere Zeit, verflüchtigt sich aber dann auch. Und in dem Maße, in dem Alex lernt, vorbestimmte und freie Zeit in eine selbstbestimmte Balance zu bringen, baut sich Gelassenheit in der Eltern-Sohn-Beziehung auf. Es entwickelt sich zunehmend ein klarer Erziehungsstil, den Alex einzuschätzen und damit bestens umzugehen lernt. Man überträgt ihm Verantwortung, seine Macken anzunehmen und zu verändern. Man sucht nicht nach Schuldigen und Ursachen, was in der Vergangenheit zu einem unfruchtbaren Machtkampf geführt hat.

Knappe und verplante Zeit wirkt sich auf das psychische und physische Wohlbefinden von Heranwachsenden hemmend aus – Alex' Tic-Störung setzt sich aus motorischen und vokalen Tics zusammen. Eltern, Erzieher und Lehrer beobachten solche Tics zunehmend – insbesondere bei Jungen. Kinder blinzeln ununterbrochen mit den Augen, schneiden permanent Grimassen, schütteln ständig ruckartig den Kopf, springen urplötzlich auf oder spielen andauernd mit den Haaren. Neben diesen motorischen Tics gibt es die vokalen, die sich im Ausstoßen von Lauten, Aufsagen einzelner Worte oder ganzer Sätze, im ununterbrochenen

Räuspern und Husten zeigen. Im Schlaf sind solche Auffälligkeiten gänzlich verschwunden. Solche Störungen haben mehrere Ursachen.

Im Vorschul- und Grundschulalter – schließt man genetische und neurologische Befunde aus – rufen nicht selten unterdrückter Bewegungsdrang und fehlende motorische Aktivitäten Tics hervor, die ein Kind nur kräfteraubend unterdrücken kann. Der Körper entlastet sich über spontane, ruckartige Bewegungen. Und auffallend ist weiter: Gerade bei jenen Kindern, die im Elternhaus impulsive Aktionen und körperliche Aktivitäten unterdrücken müssen, denen das Ausleben von aggressiven Persönlichkeitsanteilen, z. B. durch ritualisiertes Rangeln, Raufen oder körperbetonte Spiele, erschwert oder gar untersagt ist, kommt der vorübergehende Tic häufig vor. Eltern reagieren darauf mit einer Mischung aus Zuckerbrot und Peitsche – mal belohnen sie das Kind, wenn es seine Bewegungen und Laute unterlässt, mal drohen sie im gegenteiligen Fall mit Strafe. Die Entstrukturierung und Entzerrung des Tagesablaufs bewirken in der Regel zwar keine plötzlichen Wunder, machen es dem Kind aber möglich, eigene Zeitabläufe, einen eigenen Rhythmus zu entwickeln und sich in eigenen Räumen einzurichten.

Nun reagiert nicht jedes Kind auf Zeitstress mit Tics, Zeitstress drückt sich auch durch andere Symptome aus: Antonia, 13 Jahre, will sich in der Schule permanent beweisen, weil sie sich ansonsten nicht angenommen fühlt. Antonia leidet seit einiger Zeit unter Magenbeschwerden und trinkt ständig Beruhigungstees, um dem Druck standzuhalten. Johannes, 10 Jahre, soll im nächsten Jahr auf das Gymnasium, weil der Vater – ungeachtet der emotionalen Reife und des intellektuellen Entwicklungsstandes seines Sohnes – es wünscht. Als die Erwartungen und die Angst vor dem Neuen unerträglich werden, fängt Johannes wieder an, nachts einzunässen. Marco, 8 Jahre, bricht unter der Erwartung seiner Eltern (Denk dran, du musst auf das Gymnasium!) zusammen – und dies wortwörtlich: Ein Arm- und ein Schienbeinbruch halten ihn für Monate von der Schule fern. Mareike, 7 Jahre, von Vater und Mutter unbeachtet, flieht von einer Krankheit in die nächste und macht dabei nicht einmal einen unglücklichen Eindruck, ja man gewinnt das Gefühl, als wolle sie nicht gesund werden. «Wenn ich im Bett liege, geht's mir gut», lächelt sie hintergründig. «Dann sieht meine Mama mich! Sonst denkt sie nur an ihr Geschäft!»

Gibt man Kindern nicht, was sie brauchen, holen sie es sich mit den ihnen eigenen, chaotisch anmutenden Mitteln: Sie fallen auf und ins Wort, oder ihr Körper legt sie – wie bei Antonia, Johannes, Marco und Mareike – still, damit sie wieder in eine Balance kommen. Manchmal fragt man sich, warum Kinder diese Wege beschreiten müssen.

Eltern können Kinder mit einfachen, pragmatischen, ja oberflächlich anmutenden Methoden unterstützen. «Ich gehe lieber zu Fuß in die Schule», erzählt der 6-jährige Jakob. «Das ist viel schöner. Das ist besser als Autofahren. Da ist man angeschnallt und kann sich nicht bewegen.» – «Ich komm immer an einem Bonbonautomaten vorbei, wenn ich zu Fuß gehe», lacht der gleichaltrige Bertram. «Und wenn ich dann nach Hause komme, bin ich schon fast satt. Dann muss ich nicht essen, was Mama mir kocht. Die ärgert sich. Wenn die wüsste, dass ich Bonbons esse. Ich krieg zu Hause nur ganz gesundes Essen. Das schmeckt eklig!» – «Bei Regen ist es am schönsten», meint Isabel, 7 Jahre. «Da gibt es Pfützen. Oder bei Schnee. Da kann man rutschen. Und wenn es weht, bläst einem der Wind ins Gesicht. Das prickelt schön!» – «Wenn wir nach Hause gehen, bummeln wir und erzählen uns noch was.» Patricia lacht: «Das ist besser als die ständige Fragerei von Mama: ‹Was habt ihr heute auf? Wie war's in der Schule?› Ich kann das nicht mehr hören.»

Diese Kommentare zeigen, wie empfindsam Kinder auf eine Zeit- und Raumgestaltung reagieren, die sich nicht an ihren Bedürfnissen orientiert, oder anders ausgedrückt: Kinder wollen sich ihre Zeit selber zusammenstellen – der eigene Weg in Schule und Kindergarten wird konzentriert bewältigt, um den Beginn nicht zu verpassen. Pünktlichkeit ist gefragt. Die ist unverzichtbar, sie stellt sich als nützlich und hilfreich dar. Auf dem Weg nach Hause darf – selbstverständlich in einem vereinbarten Rahmen – gebummelt werden. Man bleibt stehen, entdeckt Bekanntes, findet Neues, verarbeitet schulische Erfahrungen, verabredet sich, heckt Streiche aus und hat Auseinandersetzungen. Ist beim Weg in Schule und Kindergarten Disziplin gefordert, kann der Rückweg lockerer, ja chaotischer ablaufen. So können Kinder üben, die Balance aus vor- und selbstbestimmter Zeit zu halten. Bedenken Sie deshalb:

- Wege zu beschreiten heißt, sich abzusetzen, zu distanzieren, mit Widerstand und Grenzen umzugehen. Bewegung und Entwicklung des kindlichen Ichs hängen eng zusammen. Wo Entfernungen gefahren und nicht mehr zu Fuß erfahren werden können, prägt das die psychische und motorische Befindlichkeit von Kindern. Natürlich: Die großräumige Organisation der Schule erfordert Busse, und natürlich gibt es Schulwege, die gefährlich sind und die man beaufsichtigen muss. Aber engt man Kinder zu sehr ein, wird ihr Rütteln an den Grenzen leicht als Zerstörung gedeutet, legt man kindlichen Bewegungsdrang zu still, wird das Toben und Laufen schnell zu einer impulsiv-unbeherrschten Handlung.
- Im Schaukeln, im Laufen, im Springen, im Balancieren erfahren Kinder Schwerelosigkeit, den Rausch von Geschwindigkeit, Geschicklichkeit und Kraft. Das Kind erprobt und zeigt, was es kann. Nur über die praktische Bewältigung kommt das Kind zu gedanklicher Beherrschung. Dazu gehören Misserfolge. Sie zeigen Grenzen auf, vermitteln dem Kind, was es kann – und noch nicht kann. Aus diesem Noch-nicht-Können erwächst Leistungsbereitschaft.

- Die regelmäßige Überprüfung des kindlichen Terminkalenders ist eine Möglichkeit, übermäßige zeitliche Belastungen im Blick zu haben. Zudem: Freizeit soll freie Zeit bleiben, denn Kinder brauchen Entspannung. Und dazu zählt – so schwer Sie es als Eltern vielleicht aushalten –, dass Kinder mal in die Luft schauen, nur so dasitzen ... In dem Maße, in dem man Kindern nicht traut und nichts zutraut, wird das Bild eines unmündigen Kindes aufgebaut. Bedenken Sie: Kinder lieben Umwege, weil das die Ortskenntnis erweitert.

Die Überlegungen zu «Eile mit Weile» möchte ich abschließend noch an einer Situation veranschaulichen. Bei meinen Besuchen in Kindergärten mögen die jüngeren und jüngsten Kinder gern mit mir raufen und rangeln. Einige freuen sich gerade darauf, wenn ich komme. «Tobe-Opa» hat mich der 5-jährige Olaf getauft: «Weil man mit dir so gut toben kann und du nicht schon nach 15 Minuten kaputt bist.» Eine Anerkennung, die mich zu einer Leistung ermutigt, die ich manchmal nur noch schnaufend erbringe. Einmal beklagte sich eine Mutter darüber, ihre 5-jährige Nadja würde danach immer so außer Atem sein, so fürchterlich schweißgebadet.

Ich muss irritiert geschaut haben, weil sie fortfuhr: «Sie haben das Vergnügen, und ich habe die Arbeit. Denn Nadja wird dann schnell kalt. Sie friert und erkältet sich, und ich habe die Arbeit.» Meiner Frage, wann Nadja denn krank gewesen sei, wich sie mit dem Hinweis aus, sie habe überhaupt nichts gegen körperliche Bewegungen, schließlich würde Nadja einmal in der Woche von ihr zur Psychomotorik und einmal zum Ballett gebracht. «Da, Herr Rogge, schwitzt Nadja eben richtig. Nur dann bin ich dabei. Und wenn sie zu nass ist, trockne ich sie ab.» Das könne ich ja auch machen, wollte ich sie beruhigen. Nein, bei mir würde es insgesamt zu grob zugehen und die Verletzungsgefahr beim Rangeln zu groß sein. «Und dann noch die Erkältungsgefahr», sage ich mit sorgenvoller Stimme. «Sie nehmen mich überhaupt nicht ernst!», erwidert sie barsch. «Doch», schmunzle ich, «ich habe heute den Unterschied zwischen einem pädagogisch richtigen und einem weniger wertvollen Schwitzen kennen gelernt.» Ich mache eine kurze Pause. «Ich liebe das wertlose Schwitzen, das stinkt zwar, macht aber Spaß.» Ohne ein weiteres Wort dreht sie grußlos ab. Nadja tobt weiterhin mit mir, bringt sich aber nun immer ein Handtuch mit. «Du weißt schon, wegen Mama!», kichert sie.

2. Die Grenzen der Trödelei

Friederike ist 8 Jahre und ein Morgenmuffel. «Wo bleibst du denn», brüllt ihre Mutter wie fast jeden Tag. Es bedarf wiederholter Aufforderungen, ehe sie überhaupt einen Fuß aus dem Bett streckt. Hat sie sich endlich schwerfällig in Bewegung gesetzt, schleicht sie verschlafen in das Badezimmer und betrachtet sich erst mal ausgiebig im Spiegel. So zieht sich alles unendlich in die Länge, unterbrochen von den hektischen Ermahnungen ihrer Mutter: «Nun mach schon!» Während Friederike den üblichen Wortschwall zunächst ignoriert, kommt irgendwann ein genervtes: «Ja! Ja!»

Doch die mütterlichen Kommandos treiben Friederike nicht zur Eile an – es scheint fast so, als würden die Worte das Gegenteil bewirken. Irgendwann hat sie die Zähne geputzt und geduscht. Dann sitzt sie vor dem Kleiderschrank und überlegt in aller Ruhe, was sie anziehen soll. Sie probiert diese und jene Kombination aus Hose und Pullover. «Friederike!», gellt ein Schrei durch das Haus. «Ich komm doch schon!», ruft sie ärgerlich zurück und gibt unverständliche Laute von sich, die nicht für das Ohr der Mutter bestimmt sind. Endlich erscheint sie am Frühstückstisch. «Weißt du, wie spät es ist?» Ihre Mutter ist ärgerlich. «Du verpasst mal wieder den Schulbus!» Friederike isst aufreizend langsam. «Nun mach schneller!» – «Mal sagst du, ich soll langsam kauen, weil das sonst schlecht für meinen Magen ist, dann soll ich hetzen! Was denn nun?» Wenn sie gefrühstückt hat, begibt sie sich schließlich zur Garderobe, zieht den Mantel an, findet aber nicht den dazu passenden Schal. Darüber vergehen wieder Minuten, weil sich Friederike mit betonter Lässigkeit an die Suche macht.

Irgendwann platzt der Mutter der Kragen: «Wenn du den Bus verpasst, das sag ich dir, ich fahr dich heute nicht. Das war gestern das letzte Mal. Ich bin doch nicht dein Diener!» Endlich entscheidet sich Friederike für einen Schal, nimmt die Schultasche, rennt hinaus, um nach kurzer Zeit außer Atem wieder an der Haustür zu klingeln. Der Bus sei schon weg, klagt sie weinerlich. Tränen rollen über ihr Gesicht. «Fährst du mich?», wimmert sie leise. «Wir haben gleich einen Vokabeltest. Der ist doch wichtig, sonst bekomme ich wieder eine schlechte Zensur. Und du hast doch gestern mit mir geübt. Bitte, Mama!» Ihre Stimme fleht um mütterliche Anteilnahme. «Ich hab's dir ja gesagt. Diese verdammte Trödelei!» Ärgerlich zieht sich die Mutter die Schuhe an und eine Jacke über. «Das ist wirklich das letzte Mal. Das schwöre ich dir!», flucht sie. Friederike lächelt still in sich hinein, weil sie die Meineide, die ihre Mutter im Laufe des Zusammenlebens geschworen hat, schon nicht mehr zählen kann.

Wer kennt sie nicht – die Klagen über die trödelnden Kinder am Morgen oder Abend, wenn diese nicht in die Jacken und Schuhe kommen, um rechtzeitig irgendwo zu erscheinen. Viele Eltern machen sich für die Unpünktlichkeit und schlechten Angewohnheiten des Kindes selbst verantwortlich, so als würden sie sich selber verspäten. So braucht sich das Kind nicht zu verändern, weil es um den helfenden Engel in letzter Sekunde weiß, der – zwar murrend und knurrend – die Kastanien aus dem Feuer holt.

Kinder üben so eine indirekte, aber äußerst wirksame Macht über die Eltern aus. Sie spüren, wie unangenehm es Vater und Mutter ist, wenn sie unpünktlich im Kindergarten oder zum Unterricht erscheinen. Auf dieser Klaviatur spielen sie genüsslich ihre Melodie, geben den eigenen Rhythmus vor – und die Eltern tanzen nach ihrer Pfeife. Gegenüber Drohungen, jetzt sei Schluss mit den permanenten Rettungsaktionen, erweisen sie sich als taub. Denn die der Eltern sehen anders aus als deren meist im Zorn ausgestoßene Äußerungen. Worte erweisen sich als leere, wertlose Hülsen.

Kinder wissen die wüsten Verwünschungen – «Sieh zu, wie du in die Schule kommst!», «Ist mir doch egal, welche Noten du schreibst!», «Ich fahr dich nie mehr in den Kindergarten!» –, ausgestoßen im Zustand erhöhter hormoneller Irritation, aufgrund ihrer Alltagserfahrung richtig einzuschätzen: Solche Aussagen werden von ihren Eltern nach einiger Zeit kleinlaut oder missmutig, reuig oder entschuldigend zurückgenommen. Und sollte dies mal nicht passieren – vielleicht haben die Eltern ja einen Ratgeber zum Grenzensetzen gelesen –, dann haben Kinder ihre «Killer» parat, mit denen sie unangemessene Strafandrohungen mit einem Gemenge aus Charme, Hinterlist und dem Gespür für das Wesentliche aushebeln. Da gibt es die Wasserkraft-Methode (das ist verschärftes Schluchzen) oder die Erinnerung an den Ehrgeiz der Eltern («Gut, dann schreibe ich eben eine schlechte Note. Aber ihr seid schuld!»). Da wird ein Satz hingehaucht und begleitet von einem Gesichtsausdruck, der pure Verlassenheit ausdrückt und an die schier unendliche, alles verzeihende Mutterliebe appelliert. «Na ja, dann hast du mich eben nicht mehr lieb. So ist nun mal das Leben!» Kinder kennen die Achillesfersen ihrer Eltern am besten.

Wenn sie dieses Wissen für sich benutzen, dann tun sie das nicht, weil sie bösartige oder gemeine Wesen sind, sondern weil sie gut für sich zu sorgen wissen – so als wollten sie ihren Eltern sanft, doch unerbittlich zeigen: Seht, was ihr von uns lernen könnt! Wenn ihr schon schwach seid und auf unsere Überredungskünste so schnell reinfallt, dann müssen wir eben stark sein! Nun nehmen manche Eltern diese Stärken der Kinder zum Anlass, sich in einen Machtkampf hineinziehen zu lassen, der in einem unwürdigen Gezerre endet. So kommt es nicht zu einer produktiven Lösung des Konflikts, es gibt vielmehr Sieger, die nur kurze Zeit ihre Erfolge genießen können. Denn die Besiegten rächen sich für ihre Niederlagen, indem sie so weitermachen wie gehabt.

Svenja, knapp 6 Jahre, reizt ihre Mutter jeden Morgen bis aufs Messer, weil sie beim Anziehen maßlos trödelt. Sie kann sich nicht entscheiden. Und hat sie schließlich ihre Garderobe ausgewählt, passt der Mutter die Zusammenstellung häufig nicht. «Svenja», moniert sie, «das sieht ja unmöglich aus. Du siehst aus wie ein Papagei.» Dann wechselt Svenja nochmals die Kombination. Nur mit großer Mühe, viel Hektik und in gereizter Atmosphäre erreichen beide den Kindergarten. Die Stimmung ist dahin, man trennt sich häufig im Streit. Eines Tages entscheidet sich Svenjas Mutter, nicht mehr einzugreifen. Wenn ihre Tochter sich ob der auffallenden Kleidung unmöglich machte, würde sie schon ein Einsehen haben. Aber nach ihrem ersten Auftritt als bunter Kakadu ist Svenja weder bestürzt noch irritiert oder beschämt. Im Gegenteil, ihr hat die Inszenierung genauso gefallen wie den anderen Kindern, die ihren Aufzug beklatschen. Seitdem geht Svenja jeden Morgen in großer Eile daran, sich zu verkleiden. Die Trödelei hat ein Ende. Aber ihre Mutter meint, vom Regen in die Traufe gekommen zu sein. «Wie man's macht, macht man es verkehrt.» Sie hatte gehofft, ihre Tochter werde sich in ihrem wilden Outfit unwohl fühlen und so zu der Einsicht gelangen, sich zukünftig schneller und angemessener zu kleiden.

Die mütterliche Hoffnung, dass Svenja ihr morgendliches Ritual ändern würde, zerschlug sich. Denn Svenja hatte den Trick der Mutter erkannt, die nicht wirklich unbeteiligt war, wenn sie in bunt greller Kleidung im Kindergarten auftauchte. Ihrer Mutter war es vielmehr peinlich.

Kinder müssen die unangenehmen Folgen fühlen, die sich aus ihrem Verhalten, z. B. der morgendlichen Trödelei, ergeben. Wirkliches Begreifen geht über Greifen – dieser pädagogische

Grundsatz, der für das kindliche Erfahren von Wirklichkeit gilt, trifft für ein konsequentes pädagogisches Handeln gleichermaßen zu. Ein Kind arbeitet an einer Lösung eines Problems mit, wenn es die Folgen seines unangemessenen und störenden Handelns erfahren hat. Jedes Kind hat die Freiheit, Grenzen zu überschreiten, getroffene Absprachen zu missachten, verabredete Regeln zu übertreten, aber es muss zugleich Verantwortung für das eigene Tun übernehmen. Freiheit und Verantwortung gehören zusammen und sind untrennbar verbunden. Es geht also nicht, den Kindern die Freiheit zu geben und den Eltern die Verantwortung, so nach dem Motto: «Ich ziehe die Handschuhe nicht an, aber Mama ist schuld, wenn ich friere!» Oder: «Ich mag mich nicht beeilen, aber wenn ich zu spät komme, hat Papa die Schuld!»

«Aber was bedeutet dies für mich?», fragt Svenjas Mutter. «Mir leuchtet das alles ein. Aber was hätte ich anders machen können?» – «Ich bin ja auch mal so reingefallen», beruhigt sie Helga Ropers, Mutter der 5-jährigen Jessica. «Ich hab das Beste versucht, bin aber grandios gescheitert. Jessica hatte ihre Prinzessinnen-Zeit. Die zog sich jeden Tag die schönsten Sachen an. Ich hab dann gedroht, geflucht, sie wieder umgezogen. Jeden Tag hatten wir unsere Auseinandersetzung. Fürchterlich. Nur wenn mein Mann morgens da war, gab's kein Theater. Dann machte sie einen auf Aschenputtel. Ich war die Blöde, und er grinste wie König Allwissend: ‹Siehst du, Schatz!› So als wollte er sagen, lass Papa mal machen. Umbringen hätte ich ihn können.» Helga Ropers lacht. «Hab ich aber nicht. Gott sei Dank! Jessicas Erzieherin hatte eine rettende Idee!» Dann erzählt sie, sie habe den Entschluss gefasst, sich nicht mehr um die Kleidung der Tochter zu kümmern. Als sie das Jessica mitteilte, war ihre Tochter überrascht, aber auch erleichtert. Denn der morgendliche Stress ließ nach, und die Situation entspannte sich. Ein paar Tage später kam Jessica genervt und traurig nach Hause, schimpfte über den Kindergarten und die blöde Erzieherin Irene. Sie beklagte sich, keinen Spaß mehr im Kindergarten zu haben. Ihrer Mutter ist noch lebhaft in Erinnerung, wie Jessica jammerte: «Die anderen spielen draußen, und ich stehe da drinnen rum. Die klettern und kleckern, und ich kann nur basteln und singen!» Die mütterlichen Fragen nach den Gründen wehrte Jessica ab: «Ach, weil die alle doof sind.» Sie wollte gar nicht mehr dahin. Doch ihre Tochter habe sich besonnen und erschien am nächsten Morgen mit Jeans und Pullover am Frühstückstisch, verlangte gar nach ihren Gummistiefeln. «Immer Prinzessin sein ist doch auch blöde, oder?»

Jessica hat die Konsequenzen ihres Tuns gefühlt. «Mir tat es zwar schon Leid», erzählt die Mutter im Nachhinein, «dass sie nicht mitspielen konnte.» Sie lächelt: «Und als sie so schimpfte, habe ich innerlich schon geschmunzelt. Aber ich muss nach außen wohl anders gewirkt haben. Und so ähnlich ging es der Erzieherin wohl auch.»

Haben Kinder das Gefühl, Erwachsene spielen nur mit Konsequenzen, dann reagieren sie darauf genauso, als wenn Eltern verlässlich als Retter in letzter Minute auf den Plan treten. Erziehung meint auch, Kinder Verantwortung übernehmen zu lassen. Sie können dies, wenn sie sich in der Eltern-Kind-Beziehung aufgehoben fühlen und wenn ihr Verantwortungsbereich alters- und entwicklungsangemessen ist. Jessicas Verhalten verdeutlicht das: Die Mutter zieht sich aus dem Störungskonflikt – nicht jedoch von Jessica – zurück. Sie lässt ihre Tochter nicht auflaufen, als sie sauer aus dem Kindergarten kommt – nach dem Motto eines Besserwissers: «Siehst du, das hast du davon. Ich hab's dir ja gesagt.» Jessica spürt die Folgen ihres Tuns, aber die Mutter überschüttet sie weder mit großem Mitleid: «Mein armes Kind leidet im Kindergarten!», noch versucht sie, den Konflikt für die Tochter zu lösen: «Vielleicht ziehst du anderes an!» Zwar gibt Jessica zunächst anderen Kindern und der Erzieherin die Schuld dafür, dass es ihr schlecht geht – eine Übertragung, die für jüngere Kinder völlig altersangemessen ist. Dann setzt sie sich mit der Situation auseinander und kommt zu einer für sie akzeptablen Lösung.

«Mir ist es ähnlich gegangen», berichtet Monika Seibold. «Mein Patrick ist morgens eine lahme Ente. Er geht alleine in den Kindergarten. Aber ehe es so weit ist, habe ich tausend Schweißausbrüche. Und er gibt den Oberklugscheißer: ‹Reg dich nicht auf! Die fangen dort erst an, wenn ich komme!› Das stimmte auch. Die warteten tatsächlich, bis Patrick eintraf. Aber eines Tages hatte auch Martina, seine Erzieherin, die Schnauze gestrichen voll. Sie sagte, wenn er nicht rechtzeitig komme, müsse er so lange vor der Tür warten, bis das Morgenlied vorbei sei. Martina hat's Leid getan, mir auch. Noch als er nach Hause kam, war er todtraurig, Tränen liefen über sein Gesicht. Ich habe ihn dann in den Arm genommen, getröstet, aber nicht die Glucke raushängen lassen. Aber das Erlebnis hatte noch nicht zu einer Verhaltensänderung geführt. Am nächsten Tag stand ein Wanderspaziergang an. Er kam wieder zu spät, die Gruppe war weg. Er musste den Tag über zu einer anderen Erzieherin, die er partout nicht mochte. Da musste man ganz brav sein, und das ist für meinen Sohn die schärfste Übung.» Sie grinst: «Als er an diesem Tag aus dem Kindergarten kam, meinte er: ‹Mama, ich möchte pünktlich bei Martina sein! Hilfst du mir?› Also hab ich drei Eieruhren gekauft, die eine Melodie spielen: eine, damit er weiß, wann er spätestens aus dem Bett muss, eine fürs Waschen und Duschen, eine, dass er weiß, jetzt geht's los. Er durfte sich die selber einstellen. Patrick wollte länger im Bett bleiben und entschied sich, dafür kürzer zu frühstücken. Tja, und er war pünktlich – ohne Stress, ohne Hektik.» Sie schmunzelt. «Das ist jetzt absolut ruhig bei uns. Neulich hat er zu mir gesagt: ‹Lass uns mal wieder unpünktlich spielen, und dann schreist du.›»

Patrick hat die Konsequenzen seines Tuns erfahren und daraus seine Schlüsse gezogen. Diese Geschichte verdeutlicht noch etwas anderes: In vorbestimmte Zeitstrukturen eingebunden zu sein muss nicht in Stress und Hektik enden. So ist es Patrick gelungen, noch in der morgendlichen Situation sein individuelles Tempo zu bestimmen, sich so einzurichten, wie er es als angenehm empfindet. Dies kann gelingen, wenn die erwachsenen Bezugspersonen nicht als Oberlehrer auftreten und ihre Macht durchsetzen wollen, sondern einem Kind einen verlässlichen Rahmen anbieten, in dem es sich entwickeln, Missgeschicke aushalten und eine eigene Lösungsstrategie entwickeln kann.

Zur Erziehungspartnerschaft gehört auch, dass Kinder Lehrer ihrer Eltern sind, manchmal geduldigere und behutsamere als die großen Lehrmeister.

Anton kommt häufig zu spät in den Kindergarten – nicht weil er trödelte, sondern weil seine Mutter morgens nicht in die Gänge kommt. Dadurch versäumt er viele Spiele und Aktivitäten, kommt missmutig nach Hause und lädt seinen Frust dort ab. Er nervt, drängelt, fordert ständig, ist unzufrieden. Die häusliche Situation eskaliert – bis die Mutter ihm irgendwann den Satz entgegenschleudert: «Wann wirst du endlich mit dieser Quengelei aufhören? Wann?» Anton sieht seine Mutter an, antwortet ganz ruhig: «Wenn du mich pünktlich in den Kindergarten bringst!» Die Mutter erstarrt wie vom Donner gerührt. «Wann?», wiederholt sie ungläubig. «Wenn du mich pünktlich in den Kindergarten bringst!», wiederholt ihr Sohn. Sie nimmt Anton in den Arm. Anton hat sich schon Gedanken gemacht und überrascht seine Mutter mit ganz eigenen Ideen: Zweimal in der Woche wolle er mit Julias Mutter fahren, einmal «bringst du mich, und zweimal gehe ich zu Fuß mit Julia!». Das habe er schon mit ihr abgesprochen. Dann kuschelt er sich eng an seine Mutter: «Nur mittags musst du mich abholen! Da bist du ja pünktlich. Und ich freue mich, wenn du dann da bist!» Die morgendliche Stresssituation entspannt sich, in die Beziehung von Mutter und Sohn zieht Gelassenheit ein.

Eltern unterschätzen Kinder häufig in ihren Fähigkeiten, tragfähige Lösungen für Konflikte zu entwickeln. Und sie überhören und übersehen diese, weil sie eigene Lösungen im Kopf haben, die den Blick für die Kinder versperren. Nicht selten machen es Kinder ihren Eltern auch schwer, zu erkennen, was sie wollen. Anton sagt nicht, was ihn nervt, bringt es nicht wörtlich zum Ausdruck. So übersieht die Mutter, dass Antons Wutanfälle Hilferufe darstellen, die sie hätte beachten sollen. Erst als sie eine nach vorne gerichtete Frage stellt («Wann wirst du mit der Quengelei aufhören?»), kann Anton ausdrücken, was ihm am Herzen liegt.

«Die müssen ein komisches Bild von uns haben, die Kinder. Ich glaube, die halten uns manchmal für bescheuert», erzählt Roswitha Ehrlich, Mutter der 5-jährigen Babette. Sie berichtet vom allmorgendlichen Streit mit ihrer Tochter. «Die zieht sich nicht an. Im Kindergarten kann sie das völlig alleine, hilft sogar anderen Kindern. Nur bei mir stellt sie sich blöd an. Irgendwann, wenn ich's zum hundertsten Mal gesagt habe, schnappe ich sie mir, dann gibt's Kampf. ‹Aua, du tust mir weh!› Völlig aufgelöst kommen wir dann im Kindergarten an. Der Abschied ist frostig. Hinterher tut's mir Leid, weil ich sie den ganzen Tag nicht sehe.»

Roswitha Ehrlich sieht mich an: «Dann hab ich die Geschichte von Sven gelesen in *Kinder brauchen Grenzen*. Die Mutter brachte ihren Sohn im Pyjama zum Kindergarten und gab ihm die Sachen mit, damit er sie sich dort anziehen konnte. Das wollte ich auch mal versuchen und habe Babette das erklärt. Wenn sie nach drei Aufforderungen immer noch nicht angezogen wäre, dann ginge es im Pyjama zum Kindergarten. Ihre Sachen kämen im Rucksack mit. Was Verena, die Erzieherin, dazu gesagt habe, wollte Babette wissen. Die sei einverstanden. Mit der wollte Babette später noch selbst sprechen. Ich merkte, dass meine Tochter mich nicht ernst nahm. Am nächsten Morgen war sie nicht angezogen. Nach vier Erinnerungen bin ich raus zum Auto, den

Rucksack in der Hand. Sie kam hinterhergelaufen. Unterwegs hat sie sich angezogen. Vor dem Kindergarten gab sie mir einen langen Kuss. ‹Du hast das Buch gelesen, nicht?› – ‹Welches?› – ‹Na, das über Grenzen?› – ‹Und weshalb meinst du das?› – ‹Deshalb bist du so komisch!›» Ihre Mutter lächelte: «Aber der Nerv hatte ein Ende!»

«Bei mir ist die ganze Geschichte schief gegangen», ruft Ilona Wolters dazwischen. «Ich hab das auch versucht. Alles! Aber das war im Februar, eine Saukälte. Mein Benny saß im Pyjama im kalten Auto. ‹Mama, du willst mich umbringen›, säuselte er Mitleid erheischend. Und ich spontan: ‹Komm her, mein Schatz!› Dann habe ich ihn ins Haus zurückgetragen und ihn getröstet.» – «Und wie ist das mit dem Trödeln weitergegangen?», wollen andere Mütter wissen. Bennys Mutter lacht gequält: «Und da wir nicht gestorben sind, trödelt er noch heute!»

- Kinder lernen aus den natürlichen Folgen ihres Verhaltens. Dies gilt bei Alltagsproblemen wie Trödeln oder Anziehen ebenso wie in anderen Erziehungssituationen. Das Kind muss die Konsequenzen, die sich aus unangemessenem und ungebührlichem Handeln ergeben, spüren. Werden sie allerdings als Drohung, Machtausübung oder Geringschätzung empfunden, rächt sich das Kind, weil es sich bestraft fühlt. Nervende Kämpfe und labile Erziehungsbeziehungen zwischen Eltern und Kindern sind die Folgen.
- Bestrafung und Achtung des Kindes schließen sich aus. Formulierungen wie «Wenn du unpünktlich bist, wirst du sehen, was du davon hast!» stellen eine diffuse Drohung dar und führen nicht zu einer konstruktiven Mithilfe des Kindes. Solche Äußerungen verschärfen die Situation, treiben ein Kind in einen Rachefeldzug. Es kommt vielmehr darauf an, dem Kind den Zusammenhang von Freiheit und Verantwortung zu vermitteln. Eine Formulierung wie «Du kannst bummeln, aber dann kommst du vielleicht zu spät!» lässt dem Kind eine Al-

ternative. Es ist Sache des Kindes – vielleicht mit Unterstützung der Eltern –, pünktlich zu sein. Wenn Sie allerdings die Verantwortung für die Regelverletzung des Kindes übernehmen, entmündigen und entmutigen Sie nicht nur sich selber, sondern auch Ihr Kind. So macht man sich gegenseitig von Launen abhängig. Ein strapaziöser Nervenkrieg ist die Folge!

- Beim Stress mit der Trödelei wird häufig mit guten Worten gekämpft, die keine Handlungsänderung mit sich bringen. Das wissen die Kinder aus Lebenserfahrung. Eltern machen sich durch Sätze wie «Ich sag's dir jetzt nochmal im Guten!», «Muss ich erst böse werden!», «Mach nur so weiter. Ich fahr dich dann nicht zur Schule!» unglaubwürdig. Denn gute Worte treffen auf taube Ohren. Fordern Sie stattdessen Ihr Kind, kitzeln Sie seine Bereitschaft zur konstruktiven Mitarbeit heraus, stärken Sie sein Selbstwertgefühl. Legen Sie das Schwergewicht stattdessen auf die Lösung des Problems.
- Dabei lassen sich vier Lösungsschritte unterscheiden. Man beschreibt *zunächst* den Konflikt. Und spielt in einem *zweiten Schritt* mögliche Lösungen durch. Fragen Sie sich, ob Grenzüberschreitungen auf fehlende Kompetenzen oder ein Nichtwollen Ihres Kindes zurückzuführen sind. Suchen Sie nach konstruktiven Ausnahmen im Verhalten des Kindes. Ein *dritter Schritt* besteht darin, Absprachen zu treffen und die Lösung praktisch umzusetzen. Diese müssen in regelmäßigen Abständen – und das ist der *vierte Schritt* – überprüft werden. Positive Resultate kann man als Ermutigung nehmen, den eingeschlagenen Weg weiter zu beschreiten.

Das habe er alles gemacht, erzählt mir Robert Völker, Vater des 11-jährigen Matthias, der fast jeden Morgen zu spät zur Schule kommt – «mal fünf, dann mal zehn Minuten. Dann hatte ich den Nerv satt.» Der Vater schlägt Matthias eine Absprache vor und erinnert seinen Sohn dreimal. «Die letzte Ermahnung zum Aufbruch so eine Viertelstunde vor Schulbeginn. Ich hatte den Stress absolut satt und war auch wirklich unbeteiligt.» Aber Matthias veränderte sein Verhalten nicht. «Er trödelte weiter. Aber in der Schule reagierte niemand, es gab von seinem Lehrer keine Mahnung. Das Theater zog sich über Monate hin. Bis ich eines Tages erfuhr, dass Matthias' Lehrer noch später zum Unterricht erschien als mein Sohn, der sich nur Sekunden vor ihm in den Klassenraum schlich. Tja, so ist das wohl. Man hat eben nicht alles im Griff! Da habe ich kapituliert und den Dingen ihren Lauf gelassen. Mittlerweile hat sich alles eingependelt, seitdem Matthias einen neuen Klassenlehrer hat.»

3. Essen ohne Dressur

Die 66-jährige Elsa Nagel ist Oma dreier Enkelkinder und beobachtet gerade den 1-jährigen Jan-Niklas. Der sitzt in seinem Kinderstuhl am Tisch während der Familienmahlzeit. Er beobachtet die Runde interessiert, das Kinderbesteck neben, den Plastikteller vor sich, darauf Kartoffelbrei, Kohlrabi und etwas helle Sauce. Jan-Niklas nimmt die Gabel und zermatscht das Gemüse lustvoll. Sein älterer Bruder isst schon selbständig. Jan-Niklas versucht es ihm mit dem Löffel nachzumachen. Aber das geht – im wahrsten Sinne des Wortes – daneben. Der Kartoffelbrei landet in der Sauce, die zur Seite spritzt. Noch zwei-, dreimal wiederholen sich die Anläufe, dann will Oma seine Bemühungen unterstützen. Aber als sie die mit Kohlrabi beladene Gabel zum Mund führt, presst Jan-Niklas seine Lippen fest zusammen – und macht ein schelmisches Gesicht. Jan-Niklas nimmt stattdessen Daumen und Zeigefinger, tunkt sie ins Essen, schleckt die verschmierten Finger zufrieden ab. Auf seinem Teller findet er noch ein Stück Kohlrabi, tastet es genussvoll mit Lippen und Zunge ab, beißt ab, kaut vorsichtig, aber offenkundig vergnügt.

Jetzt greift die Oma energischer ein: «Jan-Niklas, schau mal! Du hast doch Messer und Gabel. Damit geht es viel besser!» Und als verstünde er seine Großmutter, nimmt er den Löffel, füllt ihn mit Brei, will ihn der Oma zum Mund führen – doch auf halbem Wege verlässt ihn die Konzentration, vielleicht auch die Kraft. Der Löffel kippt zur Seite, und der Brei landet auf Omas Kostüm. Sie schaut ärgerlich, steht kopfschüttelnd auf, um den Fleck zu entfernen. Und zischt Jan-Niklas' Mutter an: «Früher saßen Kinder am Katzentisch! Heute dürfen sie alles!»

Währenddessen wendet sich der kleine Jan-Niklas mit einer Gabel Kartoffelbrei in der Hand seiner Oma zu und verliert die Balance. Die Ladung landet auf dem Boden. Die Großmutter schaut viel sagend hinunter. Jetzt springt die Mutter von Jan-Niklas auf: «Jetzt reicht es mit der Spielerei!», und entreißt ihm das Besteck. Jan-Niklas erschrickt, schreit – und im Nu baut sich dicke Luft auf. «Normalerweise reagiere ich ruhiger. Ich weiß ja, er muss üben», erzählt mir die Mutter später. «Aber wenn die Oma da ist und so komisch schaut, drehe ich schnell durch.» Sie könne das nicht mehr hören, dieses «verklärende Gesülze» von früher: «Bei uns gab's Redeverbot für Kinder! Und Tischmanieren! Hände auf den Tisch! Ruhig dasitzen! Und wehe, man parierte nicht, dann handelte man sich einen langen Vortrag ein, oder man musste sich neben meinen Vater setzen. Wenn man sich dann noch immer nicht ordentlich verhielt, gab's was auf die Finger!»

Wenn ich von dieser oder vergleichbaren Situationen auf einem Seminar berichte, dann finden sich viele Eltern darin wieder. Mit dem Frühstück, Mittag- oder Abendessen nimmt man nicht nur leibliche Genüsse zu sich, in der Situation bei Tisch spiegeln sich auch Machtverhältnisse wider.

«Mein Vater», so erinnert sich eine Mutter, «bekam das größte Stück Fleisch. Und wenn er redete, hatte man still zu sein. Darauf achtete schon meine Mutter!» – «Kinder bei Tisch, stumm wie ein Fisch», bricht es aus Robert Müller, Vater zweier Kinder, heraus. «Das fällt mir ein, wenn ich an das Essen von früher denke. Und wehe, man stützte den Kopf auf den angewinkelten linken Arm, aß zu lässig mit der rechten Hand. Dann konnte es passieren, dass mein Vater den linken mit Gewalt wegschlug. Der hatte eben auf dem Tisch neben dem Teller zu liegen.»

«Bei uns wurde gegessen, was auf den Tisch kam», erzählt Johanna Behrens, heute selbst Mutter von drei Kindern. «Und was gab es für einen Krach, wenn wir revoltierten. Dann fingen die Eltern von der schlechten Zeit und dem Krieg an zu erzählen und wie gut wir es heute hätten.» Sie stockt: «Tja, ob wir es heute eigentlich anders machen? Bei dem Wahn um die gesunde Kost. Ich weiß nicht.» Sie ist nachdenklich: «Manchmal glaube ich schon, wir setzen die Kinder arg unter Druck. Und dann können die nicht mal protestieren, weil wir es ja gut meinen. Wir haben unsere jüngste Tochter früh an den Löffel gewöhnt, dann diesen gesunden Saft und jenes gesunde Gemüse. Alles nur das Beste, versteht sich.» Ein Vater schmunzelt: «Und wenn dann die Kinder meckern, dann gibt's 'ne Moralpredigt. Wir meinen es absolut gut mit den Kindern, wir aufgeklärten Eltern. Da lobe ich mir manchmal so 'n alten Knochen von früher.» Er lacht: «Ich hab, wenn's zu viel war früher, unsere Katze unter dem Tisch gefüttert oder die Suppe in den Gummibaum hinter mir geschüttet. Der war zäh. Nur die Katze hat's mir übel genommen und mir hin und wieder ins Bett gekotzt.»

Aus diesen Kommentaren wird deutlich, wie sich am Essen so mancher Streit entzündet. Er müsse vor allem Gesundes essen, berichtet der 9-jährige Thomas. Seine Mutter backe das Brot selber. Er habe eine richtige Vollwertmutter. «Fürchterlich! Die ist richtig fanatisch!» Fritz lacht, als er das hört: «So sind meine Eltern nicht. Aber ich muss essen, was auf den Tisch kommt. Und meine Eltern», so fügt er ironisch hinzu, «wissen, was mir schmeckt und was ich essen muss!» Besserwisserei fordert Kinder geradezu heraus, subversiv zu reagieren, um sich gegen die elterliche Dominanz zu behaupten. Nochmals Thomas: «Ich tausche in der Schule gleich meine Sesam- und Dinkelbrötchen gegen die Milchschnitten von Dirk. Der ist ganz scharf drauf.» Während manche Eltern sich geradezu fundamentalistisch auf das «richtige» Essen stürzen, die Tischsprüche aus der Vergangenheit unter «gesunden» Vorzeichen reproduzieren, ist anderen Eltern das Essverhalten ihrer Sprösslinge ziemlich gleichgültig. Dort lernen Kinder weder den Wert von gemeinsamen Tischritualen noch eines selbst zubereiteten Essens schätzen – Fastfood, Burger, Fritten und Majo prägen die Geschmacksnerven. Durfte man einst nicht mit vollem Mund reden, das Essen mit Händen nicht anfassen, so werden die Regelverstöße nun zur Regel: den Hamburger mit den Fingern begrapschen und die Versuche, einen Burger, ohne zu kleckern, in den Mund zu bugsieren.

Kommt bei den einen das Essen einer Dressur gleich, überwiegt bei den anderen ein gleichgültiges Laisser-faire, wird bei den einen aus dem Essen ein erzieherischer Akt von hoher Wertigkeit, verkennen andere die symbolische und die reale Bedeutung, die Mahlzeiten haben. Die Pädagogisierung des Essens, unter der viele Eltern einst gelitten haben, setzt sich bis in die Gegenwart fort: Da zwingt man Kinder zum Essen, nur weil man es nach den fortschrittlichsten Methoden gart. Da belohnt man mit Bonbons oder bestraft mit Süßigkeiten, da negiert man das Lustprinzip beim Essen, indem man es zum erzieherischen Problem aufbauscht, über das Eltern Moral vermitteln und Macht demonstrieren. Dass man bei den Mahlzeiten Geselligkeit und Atmosphäre, Genuss und kommunikatives Miteinander ausdrükken und leben kann – dieser Gedanke kommt in vielen Familien zu kurz. Während bei den einen Vollwert- und Gesundheitsfundamentalismus herrscht, dominiert bei den anderen das kulinarische Nichts oder die schöne neue Fastfood-Welt.

Die Kinder fühlen sich bei der Essdressur unwohl. Je mehr sie den Zwang spüren, der über das Essen oder auch während der Mahlzeiten ausgeübt wird, umso stärker reagieren sie auf die Situation. Florian, 8 Jahre, isst nicht alles, besser: fast gar nichts. Nur Suppen mag er – und diese in jeder Lebenslage. Gibt es etwas anderes, mault er herum, verweigert – außer einem Anstandshappen – die Nahrungsaufnahme. Die Eltern und die beiden älteren Schwestern speisen genussvoll. Florian mosert dagegen herum, ist nicht zum Essen zu bewegen. Auf die Frage, was er denn wolle, kommt die stereotype Antwort: «Suppe!» Bleibt die Mutter zunächst «hart» und lässt sich durch seine Wehleidigkeit nicht erweichen, schießt Florian irgendwann den Giftpfeil aus seinem Köcher ab, von dem er weiß, dass er sitzt: «Gut, dann gehe ich jetzt hungrig ins Bett! Und dann träum ich schlecht!»

Sein Vater zuckt nur genervt die Augenbrauen und stößt ein «Das ist mir doch egal!» aus. Doch die Mutter geht zum Kühlschrank, wo der Topf mit Florians Suppe steht. «Die eiserne Reserve. Für alle Fälle», wie sie mit einer Mischung aus Stolz und Resignation berichtet. «Der Junge darf doch nicht ohne Essen ins Bett. Davon wird er krank. Er ist doch sowieso schon schmächtig!» Florian strahlt, schaut nun zufrieden seiner Familie beim Essen zu. Und in dem Maße, in dem er ruhiger wird, drehen die Schwestern auf, werden nerviger, stören, bis der Vater sie mit den Worten «So, jetzt langt es!» fortschickt.

Als Florians Mutter Suppe aufträgt, steht auch der Vater vom Tisch auf. Die Mutter leistet ihrem Sohn mürrisch Gesellschaft. «Dieses Chaos», erzählt sie, «erlebe ich häufig. Ich will ein gemütliches Essen. Aber die Tischgemeinschaft löst sich allmählich auf.» Florian zwingt der Familie, insbesondere der Mutter, seinen Willen auf. Sie lässt sich ständig «weich klopfen», weiß Florian doch um die Schwachstelle seiner Mutter. Dabei wäre das eigentlich kein Problem, denn sie achtet auf eine wohl ausgewogene Ernährung. Zudem ist Florian körperlich gut entwickelt und versteht es, auch psychisch gut für sich zu sorgen – die Situation am Tisch beweist es. Er spürt das übertriebene Verantwortungsgefühl der Mutter, ahnt, dass sie letztlich inkonsequent ist. So denkt Florian überhaupt nicht daran, sein Handeln zu verändern. In der Zwischenzeit hat er ungeahnte Techniken entwickelt, um seine Wünsche – notfalls mit Nötigung – durchzusetzen. Während sich der Vater gelangweilt heraushält («Was soll ich mir da Stress machen! Der macht doch, was er will! Der kommt ganz nach dem Opa!»), tritt die Mutter als hilfsbereite Frau in Schwesterngestalt auf, als eine heilige Johanna der Suppentöpfe, die ihren Florian nicht verhungern lässt.

«Ich weiß das alles», gesteht sie. «Vom Kopf her weiß ich alles. Aber was soll ich denn machen?» Was sie sich überlegt habe, will ich wissen. «Na ja, ihm keine Extrawurst mehr braten.» Was sie daran hindere, dies umzusetzen, frage ich. «Ich komme mir so hart vor, weil er dann doch so schlecht träumt.» Ob er verhungere, will ich wissen, wenn er mal keine Suppe bekäme. «Quatsch», ruft sie. «Der ist so gut ernährt. Der hält es drei Tage ohne Essen aus. Oder noch länger!» Aber was sie gegen seine schlechten Träume tun wolle, frage ich neugierig. «Der hat von früher noch ein Traumfresserchen. So eine selbst gebastelte Puppe, die lag unter seinem Kissen.» Sie eröffnet Florian, dass er am Abend keine Extrawurst mehr bekommen werde. Dafür sei aber nun zweimal pro Woche Suppentag. Florian hat nichts dagegen – um die Inkonsequenz seiner Mutter wissend. Als er am Abend mit einer Mischung aus Hartnäckigkeit und Larmoyanz nach seiner Suppe verlangt, sie aber nicht bekommt, steht er beleidigt auf: «Ich zieh morgen zu Oma!» Die sei im Urlaub, ruft eine seiner Schwestern hinterher. Die Tür knallt zu.

Als er am nächsten Abend wieder provoziert, sein mit Milch gefülltes Glas umschmeißt, mit dem Messer in die Tischdecke schneidet, schickt ihn die Mutter mit ruhiger, fester Stimme in sein Zimmer. «Das fiel mir am schwersten», meint sie im Nachhinein. «Das war wie früher. Da flogen wir auch raus. Und ich wollte nie wie mein Vater sein!» – «Wie war er?» – «Aufbrausend! Inkonsequent!» – «Sind Sie so?» – «Inkonsequent bin ich schon. Aber das ändere ich jetzt ja.» Am dritten Abend verlangt Florian etwas vom Gemüseauflauf und holt sich Ketchup. «Damit ich dein komisches Gemüse nicht so schmecke», brummelt er. Den Auflauf verspeist er mit großem Appetit. «Gibt es morgen Suppe?», fragt er. Die Mutter nickt: «Ich hatte es dir versprochen. Morgen ist Suppentag. Und du darfst dir eine Suppe aussuchen.»

Florian hat aus den logischen Folgen gelernt. Es war ihm nicht mehr möglich, an das Helfersyndrom seiner Mutter zu appellieren. Seinen Nötigungen stand sie gelassener gegenüber, weil sie wusste: Florian geht es nicht um die Suppe, es ging um Durchsetzung seiner Interessen. Indem sie sich aus dem Spielchen entfernte, zog sie sich auch aus dem Machtkampf – aber nicht vom Sohn – zurück. Das war eine Befreiung aus Verstrickungen, die sie ohnmächtig machten. Sie überließ es ihrem Sohn – «und das aus vollstem Herzen», so die Mutter –, sich selbst zu entscheiden, wie er sich beim Essen benehmen wollte. Indem sie seine Verhaltensweise zuließ, sich aber nicht für ihn und seinen Hunger verantwortlich machte, verschaffte sie sich eine Distanz, wurde von seinen Launen unabhängig und souveräner.

«Man kommt sich schnell wie eine Rabenmutter vor», sagt sie und denkt nach. «Und dann noch die Sache mit meinem Vater. Zwischen dem Rausschmiss von früher und meinem Handeln gegenüber Florian zu unterscheiden, musste ich erst lernen. Und dann dieses Mitleid mit meinem Sohn. Aber ich habe ihn ja nicht rausgeschmissen!» Sie sieht mich schmunzelnd an: «Wie nannten Sie es noch?» Sie lacht mich an. «Beurlauben, nicht?» Was Florians Mutter in ihrer Kindheit erlebte, war eine ungehemmte väterliche Strafaktion nach dem Motto: «Wir wollen doch mal sehen, wer hier gewinnt!» Genau um diesen Machtkampf ging es Florians Mutter nun nicht. Sie hatte ihrem Sohn klar gemacht, welche Konsequenzen eintreten, wenn er sich weiter störend verhält – und zwar im Vorhinein. Florian war einverstanden, wusste, worauf er sich einließ. Aber er kannte auch die Geschichte seiner Mutter, wie sehr sie unter der Tyrannei ihres – mittlerweile verstorbenen – Vaters gelitten hatte und dessen Fehler partout vermeiden wollte. «Aber dann macht man andere. Ohne Fehler geht es nicht. Und die erkennt man nur, wenn das Chaos um einen herrscht.»

Nun wäre es freilich verfehlt, Störungen beim Familienessen ausschließlich auf Machtkämpfe und auf kindlichen Trotz zurückzuführen. Nicht selten wird von Kindern zu viel verlangt, werden Kinder wie kleine Erwachsene, nicht wie junge Erdenbürger behandelt. Dann werden Anforderungen an ein Kind gestellt, die es entwicklungsbedingt gar nicht zu erfüllen vermag, weil es bestimmte Notwendigkeiten noch nicht einsieht. So stellt manches von den Eltern als störend empfundene Verhalten des Kindes nicht ein bösartiges Nichtwollen dar, sondern eine Ungeschicklichkeit, die auf ein Nichtkönnen hindeutet.

Manche Verhaltensweise lässt sich nicht als Trotz erklären, sondern hat mit noch nicht ausgebildeten Fähigkeiten zu tun. Verkennt man dieses, fühlt sich ein Kind vorgeführt und macht aus dem Essen ein Schlachtfeld. Natürlich kann ein jüngeres Kind Löffel und Gabel noch nicht angemessen gebrauchen. Deshalb sind Hände angesagter als das Besteck. Und der Mund ist nicht allein die Öffnung, in der der Brei verschwindet, mit den Lippen kann man die Speise ausgiebig erkunden. Und auch die Zunge dient als lustvolles Werkzeug, um das Essen dorthin zu verteilen, wo es Eltern nicht gerne sehen. Die sorgfältig drapierte Serviette braucht man nicht dazu, die Finger zu reinigen, das Tischtuch ist größer und einfacher zu fassen. Von den Faxen, die das jüngere Familienmitglied macht, haben die anderen bald die Nase voll.

Was die Großen erzählen, verstehen die Jüngeren sowieso nicht, dann wird es den Kleinen schnell langweilig. Sie fangen an zu brabbeln, zu singen, mit dem Besteck zu spielen, versuchen vergeblich, die Schwester zu füttern, kippeln mit dem Stuhl. Schließlich kapituliert die Person mit den schwächsten Nerven.

«Aber soll man denn Kinder nicht zum richtigen Verhalten am Tisch erziehen? Wenn man darauf nicht achtet, entsteht doch das reinste Durcheinander?», fragt eine Mutter, die vehement für Ordnung am Tisch plädiert. Zweifelsohne ist es wichtig, dass Kinder den Wert von Tischritualen erfahren und Mahlzeiten nicht allein bloße Nahrungsaufnahme sind. Nicht allein für Kinder stellt die Atmosphäre, in der man isst und trinkt, einen bedeutsamen Faktor dar. Kinder – vor allem jüngere – essen am liebsten in Gesellschaft. Und dazu brauchen sie Vorbilder.

Wenn Eltern ihr Essen nur so hineinstopfen, machen es Kinder ihnen bald nach. Wenn Eltern zu früh zu Tischmanieren erziehen, bauen Kinder kein lustvolles Verhältnis zum Essen auf. Man muss es also weder sich noch anderen beweisen, dass ein Kind bereits zwischen ein und zwei Jahren einen Ess-Knigge-Kurs mitgemacht hat, als Gourmet auf die Welt gekommen ist, der das Messerbänkchen ebenso souverän benutzt wie das Hummerbesteck. Jüngere Kinder spielen bei Tisch. Und mit Mund, Lippen und Zunge untersuchen sie Speisen. Dies sieht nicht immer ästhetisch aus. Aber sinnlicher ist es allemal, und damit beweisen Kinder häufig ihre sensibleren Geschmacksnerven als die erwachsenen Spesenritter, die zwischen den Gängen eines vorzüglichen Menüs eine Zigarette rauchen oder das Handy benutzen.

Beherzigt man ein paar pragmatische Tipps, dann gewährleistet das noch kein reibungsloses, dafür sicher aber stimmungsvolleres Miteinander.

- Zwar ist die Schmuddeltoleranz von Familie zu Familie unterschiedlich, doch ist das Kleckern für jüngste und jüngere Kinder einfach normal. Ein Lätzchen oder eine Auffangschale, ein Wachstuch auf dem Tisch oder unter dem Stuhl kann den Stress, den die Kleckerei mit sich bringt, erheblich reduzieren.
- Statt Kinder zu früh an die Funktion von Messer, Gabel und Löffel zu gewöhnen, reicht es, wenn sie zunächst nur den Gebrauch des Löffels erlernen. Damit können Kinder experimen-

tieren, ihre Fingerfertigkeit erproben, erfahren, was es bedeutet, Gegenstände in der Hand zu balancieren. Und dass der Löffel ein wunderbares Instrument darstellt, mit dem man Lebensmittel untersuchen, zerkleinern und zermatschen kann, ist für Kinder mit ihrem Einfallsreichtum selbstverständlich.

- Lange Mahlzeiten sind Kindern ein Gräuel. Je jünger ein Kind ist, umso schneller wird es ungeduldig, verlangt es nach Abwechslung. Das hängt zweifelsohne auch mit dem individuellen Temperament, mit der Atmosphäre, der Geschwisterkonstellation, natürlich auch mit der Qualität des Essens zusammen. Jüngere Kinder können aufkommende Ungeduld durch kleine Spiele bei Tisch abbauen, Vor- und Grundschulkinder ziehen sich gern nach Einnahme der Mahlzeit in eine Spielecke oder das Kinderzimmer zurück.
- Bei Kindern schwankt der Appetit. Und deshalb sollte der elterliche Zwang, doch mehr zu essen, genauso unterbleiben wie die Aufforderung, Bestimmtes zu essen. So negiert man das Lustprinzip. Bedenken Sie: Kinder lieben «schlechte» Nahrungsmittel. Dies vor allem dann, wenn es Eltern Schweißperlen auf die Stirn treibt. So notwendig es ist, auf eine ausgewogene Ernährung zu achten, so wichtig ist es für Kinder, in das Land jenseits der Gesundheit zu blicken, um dort hin und wieder von verbotenen Früchten so lange zu naschen, bis einem schlecht wird. Eltern können noch so sehr vor den Bauchschmerzen warnen, die man davon bekommt. Erst wenn Kinder diese fühlen, haben sie einen Begriff von Bauchschmerzen und lassen die verbotenen Früchte beiseite. Oder auch nicht!
- Über gesunde Kost wird viel geredet, über die notwendige Aufnahme von Flüssigkeit werden weniger Worte verloren. Dabei kann kohlensäurearmes Mineralwasser, können verdünnte Säfte und ungesüßte Tees Hungergefühle verdrängen. Und obendrein sind sie für das physische und psychische

Wohlbefinden der Kinder unerlässlich. Gerade bei Schulkindern sind Müdigkeit und Unkonzentriertheit manchmal auf eine zu geringe Aufnahme von Flüssigkeit zurückzuführen.

Vor allem darf das Essen kein Dressurakt sein. Gleichwohl stellt der Familientisch einen sozialen Ort dar, an dem Rücksichtnahme und Gesprächskultur erlernt werden. Wenn in mehr als zwei Drittel aller Familien werktags keine gemeinsame Mahlzeit mehr stattfindet, so verarmt nicht allein die Esskultur, dann verkümmern notwendige Kulturtechniken. Die Auswirkungen kann man beispielsweise beim Mittagessen im Hort oder in der Kindertagesstätte beobachten. Da fangen Kinder an, wann sie wollen, griffe nicht die Erzieherin ein; dann reckt man sich über den Tisch, um Gemüse zu grapschen, ohne sich um die Nachbarn zu scheren, die sich gestört fühlen; da redet jeder und alle durcheinander, und wer zu Ende gegessen hat, steht auf und lässt das schmutzige Geschirr zurück. Solche Verhaltensweisen lassen Rückschlüsse zu: Diese Kinder erleben nur selten einen Tagesablauf mit regelmäßig wiederkehrenden Mahlzeiten, sie essen häufig allein oder sind auf Selbstbedienung an Kühlschrank oder Mikrowelle angewiesen. Wenn eine Entritualisierung des Kinderalltags so häufig beklagt wird, dann lässt sich diese an der Aufhebung des Familientisches belegen. Die Mahlzeit ist ein Ort der Mitteilung. Aber das macht Rituale notwendig. Gerade wenn mehrere Kinder am Tisch sitzen. Dazu einige Tipps, damit nicht automatisch die Person mit der lautesten Stimme gewinnt:

- Benutzen Sie einen Sprechstein. Wer den in der Hand hält, darf reden.
- Lassen Sie sich zu Beginn der Mahlzeit von den Erlebnissen aus Kindergarten und Schule berichten. Sie finden sonst kein Gehör!
- Fragen Sie Ihre Kinder nicht aus! Warten Sie ab, bis die Kinder anfangen, von sich aus zu erzählen. Sie können Ihre Anteil-

nahme anders zeigen als durch Formulierungen wie: «Wie war's heute in der Schule?», «Was habt ihr im Kindergarten gemacht?», «Welche Hausaufgaben hast du?» So etwas empfinden Kinder als Inquisition.

- Wenn Kinder nichts erzählen, dann beginnen Sie ein Gespräch. Auch Eltern können von ihrem Alltag berichten. Und wenn das keine Vorträge sind, in denen man Lehren für das Leben verteilt und versteckt, hören Kinder gerne zu. Und sollten Sie Wichtiges mit Ihrem Partner zu besprechen haben, dann können Sie das auf die Zeit nach dem Essen verschieben.
- Vor allem: Problematisieren Sie das Essverhalten Ihrer Kinder nicht permanent. Achten Sie nicht andauernd darauf, was Ihr Kind isst oder nicht. Dadurch bekommt das Essen eine Wichtigkeit, die es nicht verdient.

Zwar hält Essen Leib und Seele zusammen, doch stopfen manche Kinder Essbares wahllos in sich hinein, schlucken alles hinunter. Manchmal scheint es, als ob sie sich ein dickes Fell anfressen müssten. Immer häufiger trifft man schon im Kleinkind- und Kindergartenalter auf übergewichtige Kinder. Es gibt zunehmend Kinder, die ihr Normgewicht bei weitem überschreiten. Zweifelsohne kann so etwas genetisch bedingt sein oder in einer Familie gehäuft vorkommen. Doch es wäre grob vereinfachend, wenn man unterschiedliche psychische Rahmenbedingungen außer Acht ließe. Denn Übergewicht resultiert nicht selten aus Lernprozessen, die ein Kind in der Familie macht.

Maria, 6 Jahre, ist ein stark übergewichtiges Kind, ein Frustfresser. Immer wenn sie unzufrieden oder traurig ist, stopft sie etwas in den Mund – Süßigkeiten, Obst, oder falls das nicht erreichbar ist, wandert ein Daumen oder ein Ärmel des Pullovers in den Mund. Marias Mutter war sehr jung, als die Tochter geboren wurde. Sie erzählt: «Ich war unsicher, hatte keine Unterstützung. Mein Mann war viel unterwegs, und ich war auf mich allein gestellt. Und wenn Maria schrie, wurde sie gestillt. Später habe ich ihr den Schnuller gegeben oder die Flasche. Oder Bonbons, Bananen. Was es eben so gab.» Sie sieht mich an. «Und wenn sie ruhig war, war ich es auch. Tja – und dann müssen Sie noch wissen, Maria war ein Frühchen. Sie war ganz spindeldürr. Und alle haben mich nervös gemacht mit ihren Ratschlägen. Und dass sie nun essen müsse, nichts als essen. Na ja, da war ich dann eben auch froh, wenn sie aß.» Sie wirkt nachdenklich. «Aber nun ist sie zu dick. Und ich bin in einem absoluten Dilemma. Und Maria ist es auch.»

Die Mutter beschreibt einen regelrechten Teufelskreis: Sozial isoliert und im Handeln verunsichert, bietet sie ihrer Tochter durch das Stillen, später durch die anderen Nahrungsformen Halt und Geborgenheit. Umgekehrt holt Maria sich Zuwendung und Anerkennung, indem sie – wie die Mutter es audrückt – «brav und schön isst». Fühlt sich Maria allein gelassen und zurückgesetzt, überwindet sie dieses Gefühl durch wahlloses, nicht genussvolles Essen. Ziel ist die kurzfristige Sättigung, nicht Lust und Zufriedenheit. Es gilt, das Hungergefühl schnellstmöglich und mit allen Mitteln zu überwinden. Dies wird im Laufe der Zeit zum zentralen Inhalt der Mutter-Kind-Beziehung: Indem Maria als wohlernährtes Kind daherkommt, fühlt sich die Mutter als eine «gute», eine versorgende Mutter. Sie übersieht dabei, dass sie Maria ihren Willen aufzwingt, viel zu essen. Und Maria schluckt. Denn verweigert sie die Nahrungsaufnahme, kann ihr mütterlicher Liebesentzug drohen. Damit lernt, damit verinnerlicht Maria ein problematisches Modell: Frustrationen geht sie nicht aktiv gestaltend, sondern defensiv an. Sie frisst die Frustration in sich hinein, versüßt sich das Leben, um Krisen auszuhalten. Und ein solches Muster könnte sich verselbständigen und in zukünftigen Lebenssituationen zur Anwendung kommen.

«Aber das hört sich jetzt so an», kritisieren einige Eltern auf einem Seminar, «dass man sich nun um gar nichts mehr kümmern soll. Als ob Kinder genau wüssten, was sie beim Essen brauchen.» Zweifellos ist es wichtig, die Balance zwischen zwei Extremen zu halten. Ein grenzenloser Erziehungsstil ist ebenso wenig hilfreich wie eine zu stark reglementierende Haltung. Kinder wissen annähernd, welche Mengen an Nahrung sie brauchen. In dieser Hinsicht funktioniert das Prinzip der Selbstregulation. Kinder regeln ihren täglichen Kalorienbedarf mit gutem Gespür und lernen so, ihr Sättigungsgefühl einzuschätzen. Wird das von den Eltern übernommen, verweigern die Kinder die Nahrungsaufnahme, oder es besteht die Gefahr, Heranwachsende zu überfüttern. Je mehr Eltern manipulieren, umso mehr bevormunden sie das Kind, machen es unmündig und abhängig, oder sie erzeugen Revolte und Widerstand.

Eltern sollten vielmehr auf andere Gesichtspunkte achten: auf regelmäßige Mahlzeiten und Tischrituale, darauf, dass Kinder genügend Obst und Gemüse essen. Denn bestimmen Kinder selber die Zusammenstellung ihrer Nahrung, vergessen sie nicht selten Vitamine oder Flüssigkeiten. Bedenken Sie: Entmündigen Sie Kinder nicht dort, wo Kinder für sich sorgen! Unterstützen Sie Kinder in jenen Bereichen, wo diese Erfahrungsdefizite haben! Wenn Sie das Essverhalten Ihrer Kinder beurteilen, verlassen Sie sich nicht auf den Augenschein. So bemerken Sie nur das, was Sie sehen wollen. Hilfreicher erweist sich ein Essprotokoll, das Sie einige Wochen führen und in dem Sie alles notieren, was Ihr Kind zu sich nimmt.

Eltern sind Vorbilder. Sie vermitteln soziale Wertigkeiten. Essen hat nichts mit Zwang und Moral, mit Belohnung und Bestrafung zu tun. Das Essen darf kein Anlass sein, um elterliche Macht durchzusetzen. Und so wie Mahlzeit Abwechslung und Überraschung bieten sollte, kann man auch die Essenssituation gestalten.

Herr und Frau Sommer beklagen sich über das grauenhafte Essverhalten ihrer beiden Kinder, 4 und 6 Jahre alt. «Jeden Tag gibt's abends Stress. Sie spielen mit dem Essen. Absprachen helfen nicht. Nur wenn wir sie gewähren lassen, dann ist's o. k. Aber das geht auf unsere Kosten.» Die Sommers lassen sich darauf ein, ihren Kindern zweimal wöchentlich ein «Schweineessen» zu genehmigen. Die Kinder dürfen so speisen, wie sie es wollen – und so kehrt Frieden ein bei den gemeinsamen Mahlzeiten.

Familie Bartels hat drei Kinder im Alter zwischen 3 und 8 Jahren. «Der Älteste rülpst ständig beim Essen. Dann lachen die anderen und mischen sich ein und machen ihn nach. Wenn ich schimpfe, meint der Älteste, das würden die Scheichs auch machen. Plötzlich fiel mir die passende Erwiderung ein: Aber die rülpsen nach dem Essen! Nun haben wir einmal in der Woche unseren Scheichtag. Und ansonsten herrscht einigermaßen Ruhe.»

Maren Krämer nervt das Essverhalten ihres 8-jährigen Sohnes Marco. Entnervt erzählt sie: «Der wollte ständig Nutella, das war vielleicht ein Stress. Dann habe ich einen Nutella-Tag pro Woche eingeführt. Morgens Nutella, mittags Spaghetti mit Nutella, abends Tomate mit Nutella. Mir drehte sich der Magen um. Das haben wir ein Vierteljahr durchgehalten. Dann war Schluss mit Nutella.» Mittlerweile hat sich Marco auf Ketchup spezialisiert: «Haben Sie schon mal Milchschnitte mit Ketchup gegessen?» – «Unvorstellbar!», antworte ich. – «Wissen Sie, was Marco dazu sagte? ‹Ach Mama, im Magen ist es doch dunkel.›»

Grenzüberschreitungen beim Essen sind aus der Sicht von Kindern häufig spielerisch-lustvolle Schritte. Aus der Perspektive der Erwachsenen bedeuten sie Nerv. Die Einführung von Überraschungen und Ausnahmen verspricht Lösungen:

- Zeigen Sie Verständnis für die Wünsche des Kindes, aber setzen Sie Grenzen, die Ihre Normen und Werte signalisieren.
- Gestatten Sie Ausnahmen – so können Sie auf die Bedürfnisse und Wünsche aller am Erziehungsprozess Beteiligten Rücksicht nehmen.

Lars, etwas mehr als 2½ Jahre, schmierte häufig mit seinem Essen rum. Der Löffel diente weniger seinem Bestimmungszweck denn als Instrument, um sich kreativ auf Teller und im Gesicht zu entfalten. Er konnte den Löffel sachgemäß benutzen, aber wollte das häufig nicht und verwirklichte sich lieber im Kleckern. Schimpfen, Ermahnungen halfen nicht – und verwies man ihn dann des Tisches, ging er triumphierend und frech grinsend. Während der Vater mit seinem Latein am Ende war, ständig zwischen Zuckerbrot und Peitsche schwankte – das hing von seiner Tagesform ab –, schoss es der Mutter plötzlich durch den Kopf: «Der hält uns einen Spiegel vor, weil wir so richtig und pädagogisch wertvoll essen. Wir dressieren ihn zu einem kleinen Erwachsenen!»

Am nächsten Tag stellt sich die Mutter beim Essen wie eine Anfängerin an. Ihr fällt abwechselnd Gemüse und Fleisch von der Gabel, das auf dem Teller oder ihrem Pullover landet. Ihr Mann schaut sich das eine Zeitlang an, dann steht er mit den Worten «Ja, spinnen denn hier alle!» auf und verlässt den Familientisch. Lars schaute sich Mamas seltsame Essversuche mit einer Mischung aus Irritation, Neugier und Nachdenklichkeit an. «Ich kann das nicht mehr!», hörte er aus dem Mund seiner Mutter. «Ich hab's vergessen! Verdammt, ich hab's vergessen!» Sie hält ihre Gabel wirklich ungeschickt. Mit einem Male steht Lars auf, geht zur Kommode, holt ein sauberes Lätzchen und bindet es der Mutter um. «So!», sagt er. «Damit du den Pullover nicht bekleckerst.» Dann stellt er sich neben sie, nimmt Papas Gabel und führt diese ordnungsgemäß zu seinem Mund: «Mama! Schau! So musst du das machen!» Die Mutter folgt brav und macht es ihrem Sohn – stümperhaft – nach. Lars korrigiert sie mit großer Behutsamkeit. Als sie sich wiederholt «blöd» anstellt, ruft Lars mit großer Ernsthaftigkeit: «So, Mama! Wenn ich das kann, kannst du das doch auch!» Dann geht er auf seinen Platz, nimmt sein verschmiertes Lätzchen und wischt sich den Mund ab. Wie selbstverständlich benutzt er seinen Löffel – nicht ohne seiner

Mutter hin und wieder einen kontrollierenden Blick zuzuwerfen. «Ich hatte von dem Tag an kein Problem mehr mit seinem kreativen Chaos beim Essen. Aber zweimal in der Woche hatten wir Lars-Tage – da durfte gesaut werden. Auch mein Mann hat sich schwer atmend daran gewöhnt, mein Oberästhet!»

4. Zubettgehen ohne Kämpfe

Ziemlich ratlos wirken Martin und Roswitha Schneider in ihrer Mischung aus Hilflosigkeit und Wut. Ihre Tochter, die 3-jährige Petra, schlafe partout nicht ein. Sie zögere alles hinaus. «Meistens muss einer von uns bei ihr schlafen», berichtet der Vater. «Wir haben alle Tricks ausprobiert, Schlaftrainings mit ihr gemacht usw. Nichts klappt. Was sollen wir bloß machen?» – «Noch ein zweites zeugen!», antworte ich spontan. – «Wie bitte?» Die Mutter von Petra wirkt irritiert. – «Das schläft meistens ein», erkläre ich schmunzelnd, «und Sie erleben sich als Eltern mit einem einschlafenden Kind.» – «Wirklich?» Sie schaut ihren Mann skeptisch an. «Es könnte sein! Und das wäre doch schön, nicht?», meine ich. Frau Schneider bejaht das aus vollem Herzen. «Sie glauben gar nicht, wie man zum Versager abgestempelt wird, welche unausgesprochenen Vorwürfe da auf einen einprasseln. Und die Schuldgefühle!» – «Aber jedes Kind kann doch einschlafen», mischt sich Martin Schneider ungeduldig ein. – «Das stimmt», gebe ich ihm Recht. «Aber stimmt auch wieder nicht. Manches Kind *will* nicht einschlafen!» – «Wie das?», hakt Roswitha Schneider nach. – «Manche Kinder finden das Zubettgehen langweilig, fürchten sich vorm dunklen Zimmer», erkläre ich. «Oder haben Angst, in der Nacht zu sterben und die Eltern nicht mehr wieder zu sehen. Manchmal verbirgt sich hinter Zubettgehproblemen auch Furcht vor Träumen. Wieder andere Kinder haben das Gefühl, abgeschoben zu werden, oder phantasieren, die abendliche Trennung von den Eltern sei endgültig.»

Probleme, die mit dem Zubettgehen zusammenhängen, verursachen in vielen Familien Stress. Kinder zögern mit unterschiedlichsten Mitteln, Methoden und immer gleichen Argumenten den Zeitpunkt des Schlafengehens hinaus. Es ist eine unzutreffende Vereinfachung, die Ursachen dafür ausschließlich bei den Eltern, meist bei den Müttern, zu suchen. Das Temperament und die Konstitution des Kindes prägen nachhaltig das abendliche Zubettgehverhalten, und Temperament und Konstitution kann man mit erzieherischen Mitteln *noch* nicht verändern.

Ein anschauliches Beispiel bieten hierfür die Geschwisterkinder. Obwohl Eltern meinen, diese gleich zu erziehen, handeln Geschwister völlig unterschiedlich. Während ein Kind bereitwillig und zufrieden, völlig abgeschlafft sein Bett aufsucht, quengelt das andere aus lauter Müdigkeit, reagiert gereizt und aggressiv.

Kinder kommen mit einem unterschiedlichen Schlafquantum aus, und dieses verändert sich zwischen dem ersten und sechsten Lebensjahr. Um die Schlafmenge, die für das eigene Kind passend ist, herauszufinden, eignet sich ein Schlaftagebuch, in das man über Wochen die Schlaf- und Wachzeiten des Kindes notiert. So kann man feststellen, wie viel Schlaf ein Kind braucht oder ob Eltern dem Kind zu viel (oder auch zu wenig) Schlaf verschreiben.

Viel zu häufig werden diese individuellen Unterschiede von Kindern nicht ernst genommen. Man schert sie über einen Kamm: Während manche Säuglinge 18 Stunden Schlaf brauchen, kommen andere mit 12 Stunden aus. Dabei wird übersehen, dass sich die Schlafbedürfnisse mit der kognitiven Entwicklung des Kindes verändern. Je größer die Kinder werden, desto weniger Schlaf brauchen sie manchmal. – Zugleich kann die intellektuelle Entwicklung des Kindes Erfahrungen mit sich bringen, die mit Unsicherheit und Angst verbunden sind. Dann braucht ein Kind Halt, Kontakt und Bindung und kann sich schlechter von den Eltern trennen – es geht dann weniger gerne schlafen. Man sollte sich klar machen, dass die Umstellung vom Trubel des Tages auf die nächtliche Stille ein Kind sowohl gefühlsmäßig wie rational fordert.

Sie hätten viele der einschlägigen Bücher gelesen und viele Tipps beherzigt, erzählen mir Hermann und Rita Hager. Trotzdem schlafe der 5-jährige Robert schlecht ein. Worauf sie das zurückführen? Ratlosigkeit. Ob es Zeiten gebe, in denen das Problem weniger auftauche, will ich wissen. «Im Urlaub!», antwortet Roberts Mutter. Da gehe es ruhiger zu, nicht so hektisch. «Stimmt schon», pflichtet Herr Hager seiner Frau bei. «Wir sind im Alltag sehr eingespannt, manchmal fällt das Gutenachtritual in der Woche ganz aus. Dann habe ich ein schlechtes Gewissen. Am nächsten Tag darf Robert dann länger aufbleiben. Und am übernächsten Tag fragt er, warum er heute so früh ins Bett müsse.» Das alles sei im Urlaub lässiger. «Da ist man gelassener und zugleich auch konsequenter.»

Gerade wenn ihr Mann unter der Woche mal nicht da sei, erläutert mir Frau Hager, dürfe Robert länger aufbleiben. «Dann lege ich mich manchmal zu ihm. Ich benutze ihn schon hin und wieder als Kuschelkissen. Aber Sorgen mache ich mir schon, denn ich weiß, wie viel Zeit ein Kind zum Schlafen braucht. Oft schläft Robert nicht sofort ein, spielt in seinem Zimmer noch oder brabbelt vor sich hin. Dann schaue ich nach und dränge ihn zum Einschlafen.»

Auch wenn ein Drittel aller Kinder mit Einschlafproblemen zu kämpfen hat, sollte man kein Riesenproblem daraus machen, wenn Kinder nach dem Zubettgehritual noch eine Weile wach liegen. Kinder schlafen nun mal nicht auf elterliches Kommando ein. Es gibt keinen Schalter, der sich auf nächtliche Ruhe umstellen lässt. Kinder sind keine Maschinen. Und so inszenieren sie nach dem Gutenachtkuss oder dem Gebet noch eigene Rituale, mit denen sie endgültig zur Ruhe kommen. Sie nehmen sich ihr

Kuscheltier, vertrauen ihm Sorgen, Nöte oder spannende Erlebnisse aus dem Alltag an.

Manchmal haben Zubettgeh- und Einschlafprobleme oberflächlich anmutende Ursachen, die mit kleinsten Veränderungen anzugehen sind. Dies kann an den Hagers veranschaulicht werden:

- Bindet man das Zubettgehen nicht in ein ruhiges Ritual ein, geraten alle Beteiligten unter Druck. Rituale zeichnen sich durch Regelmäßigkeit und durch einen immer gleichen Ablauf aus. Passt der nicht mehr, so kann man ihn neu gestalten oder mit anderen Inhalten füllen. Rituale, über die jeden Abend diskutiert wird, verlieren an Wert, geben keine Vertrautheit und Sicherheit. In das Ritual kann das Erzählen über Erlebnisse des Tages eingebunden sein. Dadurch entlastet sich ein Kind von seinen Sorgen.
- Kinder brauchen das Schmusetier, die Lieblingspuppe oder einen Gegenstand, der das Gefühl des Alleinseins nicht aufkommen lässt. Kinder lernen so, sich bei Einschlafproblemen selber zu helfen. Deshalb sind Rituale besonders hilfreich, die das Kind selbst entwickelt. Ständiges Nachschauen der Eltern, aber auch unregelmäßige Schlafenszeiten sind nicht dazu angetan, Zubettgeh- und Einschlafprobleme zu beseitigen.
- Wenn Kinder chronisch über das zu frühe Zubettgehen klagen, liegt das möglicherweise auch an zunehmender Selbständigkeit. Führen Sie ein Schlaftagebuch und fragen Sie Ihr Kind, damit Sie das Zubettgehen sinnvoll verändern können. Bedenken Sie: Sie haben kein unnormales Kind, wenn es nicht ins Bett will oder verzögert einschläft. Bauen Sie keinen Stress um diese Situation auf, weil daraus über kurz oder lang ein Beziehungsstress wird.

«Mein Sohn», so schildert Manuels Mutter, «kommt fast jede Nacht mit seinem Bettzeug angedackelt. Das muss doch irgendwann aufhören. Er ist doch schon 4 Jahre alt. Da kann er doch mal in seinem Zimmer bleiben.» – «Haben wir auch gedacht», erzählt der Vater von Theresa. «Unsere Tochter ist jetzt 8 und legt sich noch jede Nacht zu uns.» Manchmal mache die sich so breit oder wühle herum, dass «ich ausziehe oder meine Frau. Dabei hat Theresa ein schönes Zimmer.»

Als Hans Zach das hört, lacht er grimmig. Das kenne er! «Wir besaßen eine kleine Stadtwohnung. Unsere beiden Kinder hatten nur ein Zimmer. Ständig nörgelten sie wegen der Enge. Wir sind dann aufs Land gezogen, haben dort ein Haus gebaut. Nun hat jedes Kind ein eigenes Zimmer. Sie sollten Platz haben, sich entfalten und was weiß ich. Und was passiert nach dem Umzug? Die ziehen aus ihren Zimmern jede Nacht aus, kommen zu uns, und jetzt sieht es bei uns aus wie in einem Flüchtlingslager. Und obendrein haben wir noch das kleinste Zimmer als Schlafraum gewählt. Also lange halte ich das nicht mehr aus. Dann war der Affenkäfig früher gemütlicher. Vor allem aber billiger!»

Viele Eltern wissen von den Auszügen ihrer Kinder aus dem eigenen Zimmer unter Besetzung des elterlichen Schlafzimmers und der Inanspruchnahme fremder Betten zu berichten. Und dabei reagieren Kinder höchst unterschiedlich: Die einen krabbeln vorsichtig und klammheimlich meist zu Mama, seltener zu Papa, schlafen schnell ein, andere künden laut von ihrer Ankunft, nehmen besitzergreifend Platz, wälzen und schmeißen sich elefantengleich hin und her, treten um sich und Eltern dorthin, wo es denen weh tut. Nachtruhe, ade!

Auch wenn das für betroffene Eltern kein Trost sein mag, will ich doch den Hinweis wagen: Durchschlafprobleme treten bei jüngeren Kindern auf, die erst ihren eigenen Schlafrhythmus finden müssen – frühestens pendelt sich der im vierten Lebensmonat ein. Aber bedenken Sie: Dies kann von Kind zu Kind höchst unterschiedlich sein. Schon die kleinste Unregelmäßigkeit, die aus der Sicht des Erwachsenen noch so selbstverständlich sein mag, kann einen gewohnten Schlafrhythmus völlig außer Kraft setzen. Das kann der bevorstehende Urlaub ebenso sein wie die Vorfreude auf das Weihnachtsfest, der angekündigte Besuch der Großeltern ebenso wie der nahende Schulbeginn. Von einer überwundenen, noch so kurzen Krankheit, der Geburt eines Geschwisterkindes, einem Umzug oder Krisen in der Beziehung der Eltern ganz zu schweigen.

Viele Kinder lernen einen eigenen Schlafrhythmus erst langsam und allmählich, der dann leider schnell durcheinander gewirbelt werden kann. Alles beginnt von vorn. Je jünger ein Kind ist, um so gravierender können sich äußere Einflüsse auswirken, ja, manche Kinder wollen nach einem krisenhaften Ereignis nur noch bei den Eltern schlafen. Dies bringt Belastungen mit sich, stellt Eltern wie Kinder auf eine Geduldsprobe. Patentrezepte für solche Krisen gibt es nicht. Auch das von Generation zu Generation weitergegebene Erfahrungswissen hilft nun gar nicht: «Schreien stärkt die Lunge!» Oder: «Lasst Kinder nicht bei euch schlafen! Denn was Hänschen nicht lernt, lernt Hans niemals!»

Binsenweisheiten. Kinder, aber auch Erwachsene sind lernfähig, menschliche Entwicklung ist ohne Lernen nicht möglich. Zwar mag die Formel richtig sein: Was man in einem bestimmten Altersabschnitt nicht lernt, erlernt man später mühsamer und unter erschwerten Bedingungen. Doch zugleich stimmt nun einmal: Man kann 5- oder 6-Jährigen das eigene Bett mit Argumenten wesentlich schmackhafter machen als 2-Jährigen, die sich nach Zuwendung und Nähe sehnen. Und man sollte auch nicht vergessen: Kinder, die nachts kommen, sind alles andere als unselbständig. Gerade wenn sie tagsüber eigene Wege gehen und autonom handeln, ihre Eltern kaum brauchen, suchen sie nachts Geborgenheit, um für den kommenden Tag aufzutanken.

Doch Eltern sind eben auch keine uneigennützigen Tankstellen! Sie haben das Recht auf einen ungestörten, gesunden Schlaf, weil auch sie Energien für ihre Aktivitäten brauchen. Aber solange sie sich nicht durch den Einzug der Kinder in ihr Schlafgemach gestört fühlen, sollten Eltern nicht von einem Durchschlafproblem reden.

«Mich hat es schon genervt», erzählt mir eine Mutter. «Ich konnte schlecht wieder einschlafen. Dann habe ich meinem Sohn einen Ring von mir in ein gebrauchtes Taschentuch gewickelt und ihm unter das Kopfkissen gelegt. Und wenn er aufwachte oder leicht schlief, hat er sich das Tuch gegriffen und ist selig wieder eingeschlafen.»

«Ich habe es», schmunzelt eine andere Mutter, «mit meinen Locken geschafft. Das hat mir meine Friseuse geraten. Als sie mir die Haare abschnitt, habe ich ein Büschel zusammengebunden und es meinem Sohn unter das Kissen gelegt. Der schläft jetzt durch.»

Diese Mütter haben alltägliche, nahe liegende Mittel gewählt, um den Gang ins elterliche Schlafzimmer überflüssig zu machen. Mittel, die schon seit Jahrhunderten zum Grundbestand erzieherischen Handelns gehören: Wenn Kinder nächtens leicht schlafen oder aufwachen und dann vertraute Gegenstände und Gerüche um sich wissen, vermittelt ihnen das Geborgenheit. Denn viele Kinder wollen nicht unbedingt die Nähe der mütterlichen Person, sondern es reicht ihnen, wenn diese symbolisch gefühlt oder gespürt wird. Da ich schon bei Hausmitteln bin, hier noch drei Tipps:

- Wenn Ihr Kind häufig bei Ihnen im Bett einschläft, weil es dort so gemütlich ist, kann dies auf vertraute Gerüche zurückgehen. Beziehen Sie das Kinderbett mit dem Kopfkissen, der Decke und dem Laken, in denen Sie einige Tage gelegen haben. Wenn Ihr Kind in der Nacht aufwacht, erfährt es instinktiv elterliche Nähe.
- Legen Sie ein getragenes Kleidungsstück unter das Kopfkissen des Kindes. Wenn Sie befürchten, so einen Wäsche tragenden

Fetischisten zu erziehen («Aber fixiere ich meinen Sohn nicht dadurch auf bestimmte Objekte?», fragte mich jüngst eine besorgte Mutter), nehmen Sie das vertraute Schmuseobjekt des Kindes. Vertraut ist das Kuscheltier aus dessen Sicht aber nur, wenn es durch den Speichel unverwechselbar geworden ist. Sie habe neulich den Teddy ihres Sohnes gewaschen, berichtet eine Mutter, weil sie befürchtete, er werde davon krank. «So schlimm sah der aus. Aber mein Sohn hat ein Theater gemacht und kam jede Nacht zu uns. Erst als der Teddy wieder gestunken hat, blieb er in seinem Bett!»

- Hilfreich kann auch ein «Schweißtuch» sein. Dieses ist einfach herzustellen: Mütter legen sich ein Stofftuch in Höhe des Bauchnabels, sodass dieses Tuch einen unverwechselbaren, nur dem Kind vertrauten Geruch annimmt. Dies macht man drei oder vier Tage lang. Dann legt man es unter das Kopfkissen des Kindes. Und es schläft, als ob Gerüche aus Tausendundeiner Nacht herumschwirrten.

Aber solche Tipps sind keine Allheilmittel! Probleme mit dem Durchschlafen ergeben sich vor allem in der Leichtschlafphase, wenn das Kind aus der Tiefschlaf- und Traumphase erwacht und dabei kurzzeitige Gefühle des Verlassenseins, eines Verlustes an Geborgenheit entstehen. Der Gang ins elterliche Schlafzimmer soll da Abhilfe schaffen.

Doch manchmal fühlen sich Kinder dermaßen verunsichert, dass sie die unmittelbare Anwesenheit der Eltern wünschen. Gerade in Situationen der äußeren Veränderung, etwa nach einem Umzug. «Heißt das etwa», so nochmals Hans Zach, «dass meine Kinder niemals mehr in ihrem Zimmer schlafen? Dann verkauf ich das Haus!» – «Bist du denn verrückt!» Seine Frau sieht mich entgeistert an. «Aber ehrlich. Was können wir machen?» – «Vergrößern Sie Ihr Bett, damit alle Platz haben. Oder bauen Sie für Ihre Kinder ein Matratzenlager. Und zwar für eine bestimmte

Zeit. Vielleicht für einige Monate, bis sich die Kinder an das neue Haus gewöhnt haben!» Anabel Zach nickt zustimmend, man sieht ihr an, dass sie im Geiste schon Matratzen verlegt. «Soll ich die mit unserem Bettzeug beziehen?» – «Mit dem benutzten, ja!» antworte ich. Hans Zach scheint nicht einverstanden: «Aber unser Schlafzimmer ist doch nicht nur zum Schlafen da. Ich brauch keine Anfeuerungsrufe von den Rängen!» – «Ach Hans», unterbricht ihn seine Frau lachend, «das machst du doch am liebsten woanders. Doch nicht im Schlafzimmer.»

Einige Monate später ruft mich Frau Zach an: Das mit dem Matratzenlager sei ein guter Tipp gewesen. Erst seien die Kinder gekommen, dann nach einer Weile wieder ausgezogen. «Nur hin und wieder kommt noch eines. Aber es hat sich entscheidend gebessert», erzählt die Frau. «Und einen schönen Gruß von meinem Mann. Er ist auch nicht zu kurz gekommen.»

Gelassenheit ist angesagt. Rigidität und Prinzipienreiterei wirken sich eher hinderlich aus. «Mein Sohn ist jetzt schon 6», berichtet eine Mutter ängstlich. «Und er kommt noch fast jede Nacht.» – «Was ist Ihre größte Angst?» – «Dass er damit nie aufhört!», antwortet sie spontan. «Wenn der eine Freundin hat, kommt er bestimmt nicht und stellt sie Ihnen im Bett vor!», prognostiziere ich. «Meinen Sie?», lächelt sie irritiert. «Und sollte er das doch tun, komme ich sofort zu Ihnen, Herr Rogge!» – «Dann bekommen Sie einen Notfalltermin», verspreche ich.

Man kann Durchschlafprobleme ebenso dramatisieren wie durch pädagogisches Handeln verstärken. Das viel strapazierte Rezept «Schreien stärkt die Lunge!» lässt Kinder allein und keine Halt gebende Nähe zu. Aber ein überbehütendes Besorgtsein hilft Kindern auch nicht. «Meine Schwiegertochter», so beschreibt eine Großmutter die Situation, «steht bei jedem Geräusch des Jungen in der Nacht auf. So verwöhnt sie ihn doch. Ein bisschen Schreien kann nun wirklich nicht schaden. Ein Kind kann es doch auch mal aushalten, wenn es allein ist.»

Ein Kind, das nachts weint, will Beziehung, Unterstützung. Bekommt es diese nicht, schläft es unruhiger ein, wacht häufiger auf, um sich mütterlicher und väterlicher Nähe zu vergewissern. Auch tagsüber agiert es unsicherer und gehemmter, lässt Eltern seltener los. Darum ist elterliche Hilfestellung beim nächtlichen Erwachen wichtig. Aber es gilt, eine Mitte zu finden: Gibt man zu viel oder zu wenig Aufmerksamkeit, kann sich das Problem verselbständigen. Nicht jedes leise Gewimmer sollte zum Anlass genommen werden, sofort mit Blaulicht ins Kinderzimmer zu rennen, um das Kind in den Arm zu nehmen. So können Kinder lernen, elterliche Nähe zu erzwingen. *Kurze* Momente der Unlust können Kinder aushalten, wenn sie sich in der Beziehung sicher und aufgehoben fühlen. Sitzt die Verunsicherung tiefer, werden die Kinder lautstark um Hilfe nachsuchen. Ein zu früher Eingriff macht Kinder unselbständig, hält sie davon ab, selbst nach einer Lösung für den Frust zu suchen – beim Kuscheltier und dem Schmuseobjekt, bei T-Shirt und Nachthemd, das unter dem Kissen liegt.

Zubettgehschwierigkeiten, Durchschlafprobleme sind normal und nicht allein erziehungsbedingt. Temperament und Konstitution des Kindes prägen diese entscheidend mit. So haben pädagogische Maßnahmen nur bedingt Einfluss. Gleichwohl gibt es einfache Möglichkeiten für Eltern, Probleme anzugehen und eigene Lösungen zu finden:

- Prüfen Sie zunächst: Wollen Sie wirklich die Schlafprobleme der Kinder ändern? Oder ist es Ihnen recht, wenn Ihr Kind manchmal länger aufbleibt, um Ihnen die Einsamkeit zu vertreiben? Wenn man Veränderungen nicht *wirklich* will, sollte man sich nicht unter Druck setzen. Das Leben in chaotischen Zuständen kann süßer sein als das bittere Leben in Normen, denen man vergeblich gerecht werden will. Dann gilt es aber, sich im Chaos häuslich einzurichten.
- Schlaftagebücher können das Ausmaß des Schlafproblems ge-

nauer bestimmen. Und da wird manchmal deutlich, dass das Problem gar nicht so gravierend ist, wie man annimmt. Souffleure von außen machen gern aus der Mücke einen Elefanten. Oder man begreift, dass die Lösung des Problems zum Greifen nahe liegt, z. B. das regelmäßige Zubettgehritual zur Routine zu machen oder anzuerkennen, dass eine Krankheit die Durchschlafprobleme mit ausgelöst hat.

- Fragen Sie sich: Haben die Ein- und Durchschlafprobleme mit der Stimmung in der Familie zu tun? Liegen diese Probleme in der Geschwisterrivalität begründet? Stören gemeinsame Schlafräume die unterschiedlichen Schlafrhythmen der Kinder? Lassen Sie *zu viele* Ausnahmen beim Zubettgehritual zu? Lassen Sie sie dann zu, wenn Sie ein schlechtes Gewissen haben? Oder drückt sich in den Problemen eine wachsende Selbständigkeit des Kindes aus? Führt man das Gutenachtritual konsequent und zu festgelegten Zeiten durch?
- Suchen Sie nicht nach Schuldigen, wenn es zu Problemen kommt, finden Sie Lösungen. Die liegen näher, als man denkt. Wenn Kinder aufwachen, dann kann eine eingeschaltete Nachtbeleuchtung, ein vertrauter Gegenstand helfen. Nehmen Sie Ihr Kind nicht sofort aus dem Bett, zeigen Sie keine übertriebene Beileidsbekundungen. Streicheln Sie Ihr Kind nur kurz! Äußern Sie die Erwartung, dass es schon bald wieder einschlafen wird.
- Kinder können (durch)schlafen lernen – irgendwann! Eltern können dabei unterstützen, begleiten, Hilfestellung anbieten. Das Tempo vorgeben können sie nicht. Das bestimmen die Kinder. Und die Geschwindigkeit kann höchst unterschiedlich sein. Vergleichen Sie deshalb Kinder nicht ständig miteinander. Damit setzen Sie sich und Ihr Kind unter Druck, erzeugen Versagensgefühle und berauben sich letztlich selbst des Schlafes.

Es gibt kein Zaubermittel, das Problem sofort zu lösen. Kinder können manchmal wahre Wunder vollbringen, wenn man sie lässt. Aber Wunder brauchen Zeit, um wahr zu werden.

Der 5-jährige Boris kommt noch jede Nacht zu den Eltern – zum immer gleichen Zeitpunkt. Zwar schläft er sofort ein, aber die Eltern, vor allem die Mutter, fühlen sich gestört, verlassen irgendwann die Schlafstätte und wandern ins Bett des Sohnes aus. Die Eltern reagieren zunehmend säuerlich. Boris ändert sein Verhalten nicht. Weder Strafandrohungen noch Belohnungen ändern etwas. Die Mutter ist mit ihrem Latein und ihren Nerven am Ende. Ich rate ihr, Boris einmal zu fragen, wann er alleine schlafen werde. «Und meinen Sie, der antwortet darauf etwas Gescheites?» Sie ist skeptisch. Als sie ihm Anfang September die Frage stellt, antwortet er selbstbewusst: «Wenn der Nikolaus kommt!» Ungläubig wiederholt sie die Frage, und ebenso souverän antwortet er. Boris kommt weiter jede Nacht, die Eltern vermeiden auf meinen Rat hin, das Thema erneut anzusprechen. Der Dezember naht, Boris macht keine Anstalten, seine Schlafgewohnheiten zu ändern. Ende November sagt er plötzlich zu seiner Mutter: «Ich will den Nikolaus überraschen. Ich will alleine schlafen. Du musst mir dabei helfen!»

Boris hat sich einen genauen Plan ausgedacht: Seine Mutter solle ihn zurücktragen, wenn er komme, aber beide Türen auflassen. «Du musst die Lampe anmachen und mir deinen Schal ins Bett legen!» Dieses Ritual zieht sich über vier Tage hin, am fünften Tag schläft Boris schon in seinem Zimmer durch. Am Morgen sagt er: «So, Mama! Ab heute Nacht komme ich gar nicht mehr, und die Tür kann auch zubleiben. Nur die Lampe muss brennen!» Als er in den Kindergarten geht, meint er stolz: «Da wird sich der Nikolaus aber wundern!»

Als er am Nikolausabend seinen Schuh ans Fenster stellt, legt er ein selbst gemaltes Bild hinein. Darauf ist ein Bett zu sehen, darin liegt ein Junge, der schläft. Neben sich ein überdimensioniertes Kuscheltier, in der Ecke eine Lampe und hinter dem Fenster ein voller Mond mit einem friedlichen Gesicht, der die ganze Szenerie bewacht. Die Mutter muss noch den Satz «Nikolaus, Boris schläft alleine» hinzuschreiben. «Damit der Bescheid weiß!» Als das Bild am nächsten Tag verschwunden ist, lacht Boris: «Der hat sich bestimmt gewundert!» Und dann lächelt er seine Mutter an: «Wenn Boris was will, macht er das!» – «Und wenn nicht, dann macht er es auch nicht», führt die Mutter fort. Boris grinst viel sagend.

5. Ordnung in der Unordnung

Fürchterlich, beklagt sich eine Mutter, dieses Chaos im Kinderzimmer. «Eine Unordnung, einfach grausam. Man findet nichts mehr wieder! Dauernd muss ich nach irgendwas suchen. Na ja, die Kinder kennen sich da irgendwie aus. Aber trotzdem. Ich finde nichts mehr wieder! Ein bisschen Ordnung muss nun mal sein. Ich bin ja wirklich nicht pedantisch!» Unterstützung findet sie bei einer Leidensgenossin: «Also letztendlich bin ich die Leidtragende. Denn wenn die Kinder nichts finden, nach wem schreien sie?» Sie zeigt mit dem Finger auf sich! «Und wer kriegt die Schuld, wenn sie nichts finden?» Kurze Unterbrechung: «Ich natürlich!» Dann fährt sie fort: «So sorg ich gleich für Ordnung. Und mit etwas Druck geht es dann ja auch!»

«Außerdem sieht es auch einfach besser aus», ergänzt ein Vater. «Da haben die Kinder schöne Zimmer, die größten, die geräumigsten, und dann dieses Durcheinander.» Schließlich argumentiert eine Mutter: «Die Kinder sind heute vielen Reizen ausgesetzt. Das bringt sie schon durcheinander. Und dann kann ein bisschen Ordnung im Kinderzimmer nicht schaden. Das beruhigt die Kinder doch. Wenn die im Saustall leben, kann das einfach nicht gut für sie sein!»

Wenn ich die zahllosen elterlichen Klagen über Unordnung und unaufgeräumte Zimmer betrachte, könnte ich daraus schließen: Ordentliche Kinder gibt es – aber selten. Kinder empfinden sich dagegen nicht als schlampig, Kinder haben nur ein ganz eigenes Ordnungssystem. Sie haben sehr genaue Vorstellungen davon, wo Gegenstände zu finden sind. Selbst im größten Durcheinander, wenn alles undurchschaubar und unübersichtlich scheint, folgen Kinder einem nur für sie erkennbaren Ordnungssystem, entdecken sie zielsicher jene Dinge, die sie brauchen.

Es sei denn, Eltern bringen mit ihrem «Aufräumfimmel», so der 9-jährige Dirk, Unordnung in das kreative Durcheinander. Kinder spüren, dass Chaos zum Leben gehört. Und man viel Energie aufwenden muss, um Ordnung im Zimmer zu halten, wozu sie nicht immer Lust haben. Deshalb entwickeln sie eigene Ordnungssysteme, in denen sie sich spielend – mal mehr, mal weniger – zurechtfinden. Das Problem: Eltern sehen diese Sache anders – und daraus ergeben sich (überflüssige) Machtkämpfe und Schuldzuweisungen, die das Beziehungsklima vergiften.

Unordnung ist – aus der Sicht der Eltern – eine ärgerliche, nervige Sache, aber Unordnung lässt keine Rückschlüsse auf den Charakter des Kindes zu. Der immer konstruierte Zusammenhang von draußen und drinnen, z. B. «wie der Teller, so das Herz», mag in Einzelfällen zutreffen, aber als Beurteilungsmaßstab für eine Persönlichkeit taugt dieses Erfahrungswissen nur begrenzt. Denn auch Eltern gehen mit der Unordnung der Kinder widersprüchlich um. Mal lieben sie ihre kleinen Chaoten, weil sie selber gut drauf sind und die Seele baumeln lassen. Mal flippen sie schon bei jeder Kleinigkeit aus, machen aus einer Mücke einen Elefanten, formulieren Sätze in Ewigkeitsdimensionen («Räumt ihr denn niemals auf!»), nur weil ihnen eine Laus über die Leber gelaufen ist. Ordnung hat zweifellos eine praktisch-ästhetische Seite – das ahnen oder fühlen auch die Kinder.

Als beim 10-jährigen Arne zum ersten Male seine Freundin Beatrice auftauchte, verwandelte er sich in einen Putzteufel, und als die 8-jährige Susanne es in ihrem unaufgeräumten Zimmer zu ungemütlich fand, kam sie selber auf die Idee, etwas mehr

Wohnlichkeit zu verbreiten. Als Johannes seinen Atlas nicht mehr wieder fand, der im unendlichen Chaos seines Zimmers verschwunden war, und er selber für die anfallenden Kosten aufkommen musste («Das schöne Taschengeld!», fluchte er, das müsse er nun «für so 'n Mistatlas ausgeben!»), ordnete er zumindest seine Schulsachen an einen dafür bestimmten Platz.

Nicht immer stellen sich «Erfolge» so spät ein wie bei der 8-jährigen Sophie: Bei ihr stapelten sich nicht allein Kleidungsstücke übereinander, auch Essensreste blieben vom weiteren Verzehr ausgeschlossen und warteten darauf, entsorgt zu werden. Pizzareste, Schokoladenstücke, Brotkrümel lagen achtlos verstreut auf dem Boden. Ermahnungen der Mutter halfen nicht. Bis Sophie eines Abends von einem Geraschel wach wurde, in der Dämmerung eine Hausmaus sah, die sich an den Pizzaresten delektierte. Dies brachte Sophie augenblicklich dazu, aufzuräumen. Das Zimmer war am nächsten Tag «klinisch sauber», wie die Mutter feststellte: «Aber die Maus konnte es kaum glauben. Sie schaute immer und immer wieder nach und fasste es ganz offensichtlich nicht, dass die Köstlichkeiten wirklich verschwunden waren. Was ich mit meinen Worten nicht vermitteln konnte, das schaffte eine Maus tierisch einfach!»

Kinder lernen aus natürlichen Folgen – schneller, als Erwachsene meinen. Stattdessen versuchen es die Erwachsenen mit «guten» Worten, ständigen Ermahnungen oder inkonsequenten Verhaltensweisen, die nichts bewirken, manchmal das Chaos im Kinderzimmer zwar beseitigen, dafür aber das Chaos in den Beziehungen vergrößern. Da pädagogische Maßnahmen beim Aufräumen begrenzt und nur eingeschränkt wirksam sind, sollte man es sich genau überlegen, wann man dazu greift. Nicht jedes Mittel, das Ihnen im Zustand von Zorn einfällt, heiligt den Zweck!

Annika räumte ungern auf. Nur wenn ihre Mutter sie bestach und eine Fernsehsendung in Aussicht stellte, bequemte sie sich widerwillig. Da war Annika 5 Jahre alt. «Heute bin ich 9», strahlt sie. «Da mach ich's nur für drei Sendungen zusätzlich. Oder wenn ich dafür Geld bekomme, um mir etwas zu kaufen.»

«Meine Mutter», so der 8-jährige Josef, «sagt immer: ‹Räum bitte auf!› Aber wenn sie ‹bitte› sagt, ist es nur halb so wild. Dann mach ich weiter mit der Unordnung. Irgendwann sagt sie genervt: ‹Oder muss ich dir das noch zweimal sagen!› Dann denk ich: ‹Du sagst es eh noch zehnmal und räumst dann selber auf, was ich so in der Wohnung herumliegen lasse.›» Er grinst. «So ist es dann auch. Wenn ich vom Sport nach Hause komme, ist alles sauber!»

«Bei mir lief das anders», so der 10-jährige Tom. «Meine Mutter wollte meine Sachen nicht mehr waschen, die in meinem Zimmer herumlagen. Aber als ich nichts Neues mehr zum Anziehen hatte und vier Wochen die gleichen Klamotten trug, hatte sie die Schnauze voll und meine Sachen dann doch gewaschen. Die hat einfach die schwächeren Nerven.»

Diese Aussagen zeigen: Inkonsequenz der Eltern macht eine Konfliktlösung unmöglich, weil sie dem Kind nur zeigt, wenn es lange genug für seine Interessen kämpft, wird es letztendlich doch bedient. Aus dem überzogenen Druck, den Eltern ausüben, wird schnell ein Machtkampf. Eigenmächtige elterliche Entscheidungen fordern Kinder zum vehementen Widerspruch oder kontraproduktiven Handeln heraus. Gegenseitige Rache- und Vergeltungsaktionen sind die Folge.

Pädagogische Mittel müssen also gut überlegt sein. Vor allem sollten alle Familienmitglieder an einer Lösung beteiligt, Absprachen gemeinsam getroffen werden. Dabei kann man durchaus ungewöhnliche Wege gehen, wie mir Hans und Jutta Weber berichten. Bei dreien ihrer vier Kinder gehe es mit der Ordnung «so lala!». Nur der 7-jährige Johannes, «unser Schlitzohr, der räumt nicht auf. Der verbreitet Chaos, wo er geht und steht, und am schlimmsten ist es in seinem Zimmer. Sein Saustall gehöre ihm, verteidigte er sich auch noch, da könne es aussehen, wie er wolle.» Hans Weber schmunzelt: «Wir haben dann ausgemacht, dass Johannes' Zimmer ein Saustall bleiben dürfe. Aber die Familie beschloss, alles, was außerhalb herumliegt, zurück in den Saustall zu werfen.» Johannes ist einverstanden, es scheint ihn überhaupt nicht zu kümmern, dass sein Zimmer zunehmend zu einer ungemütlichen Wüste wird. Seine Eltern wollen den Versuch schon abbrechen. «Das hat alles keinen Sinn», meint der Vater. «Der ist eben so.» – «Ich glaube, der testet uns nur aus», gibt die Mutter zu bedenken. «Der hockt jetzt schon dauernd bei mir in der Küche. Er sagt zwar, er findet's bei mir so schön. Aber ich glaube, dem gefällt's nicht in seinem Zimmer. Lass uns noch ein bisschen warten!»

Die anderen Kinder bestätigen die Eltern darin. Johannes bleibt gleichgültig, «ist mir doch egal» sein Standardsatz. Er finde sein Zimmer einfach toll. Nach ein paar Tagen bittet er seine große Schwester um Mithilfe beim Aufräumen. Alles sei so «ätzend». Sie erklärt sich bereit. «Aber nur, wenn du demnächst selber aufräumst. Sonst wird aus deinem Zimmer kein Saustall, sondern die Höhle eines Stinktieres. Das verspreche ich dir!» – «Blöde Kuh», will er sagen, aber unterlässt die Beleidigung, denn ihre Mithilfe ist ihm wichtiger. Sie räumen auf und putzen gemeinsam sein Zimmer. Und zum Dank kocht Johannes ihr Spaghetti, ihre Lieblingsspeise. Dabei verwandelt er die Küche in ein Schlachtfeld, das er aber wieder ordentlich verlässt. «Johannes ist ein kleiner Chaot geblieben. Aber die Verwirklichung im Nichtaufräumen hatte ein Ende», schmunzelt Hans Weber.

Sie habe es anders gemacht, erklärt Rosa Seifert. «Meine Raffaela hatte für alles eine Entschuldigung, wenn sie nicht aufräumte. Raffaela tat zerknirscht, versprach Besserung. Aber nichts geschah. Sogar meine Beschimpfungen akzeptierte sie. ‹Du hast ja Recht, Mama›, beschwichtigte sie mich – ganz die Psychologin. Sie verstehe mich, dass ich wütend sei. Wenn ich dann aber aufräumte, dann beschimpfte sie mich, weil nichts mehr an dem Platz war, wo sie es hingestellt hatte. Einmal hatte ich die Schnauze gestrichen voll und bin explodiert. Da hätten Sie meine Tochter erst mal sehen müssen. Absolut therapeutische Grundhaltung. Sagt sie doch: ‹Dein Zorn hilft dir nicht weiter, Mama. Hast du dir schon eine Lösung überlegt?›» Rosa Seifert, die eine familientherapeutische Praxis führt, prustet laut los: «Prompt hatte ich eine parat! Raffaela, ich gelobe, dich jedesmal zu fragen, wohin ich deine Sachen, die nicht am vorgesehenen Platz sind, tragen soll! Die Szene werde ich nie vergessen. ‹Wie bitte?›, fragt mich meine Tochter, der ich ernsthaft erläutere, keinen Anraunzer von ihr mehr bekommen zu wollen.»

Als Raffaela am nächsten Tag aus der Schule kam, ließ sie ihre Jacke im Flur, ihren Rucksack in der Essecke, sich selber erschöpft in den Sessel fallen. Da hörte sie ihre Mutter im Flur, die mit der Jacke sprach: «Du arme Jacke, man hat dich einfach so fallen lassen. Wo gehörst du denn hin? Ach, du weißt es nicht!» Raffaela wirkte irritiert. «Raffaela, komm mal bitte! Die Jacke weiß nicht, wo sie hingehört. Darf ich deine Jacke an der Garderobe aufhängen?» Raffaela zog sich kopfschüttelnd ins Wohnzimmer zurück. «Ach, da ist ja noch die Tasche. Na, wo gehörst du denn hin?», fragte Rosa Seifert. «Ins Kinderzimmer? Aber ich darf dich noch nicht hineintragen. Ich muss erst Raffaela fragen. Raffaela, kann ich deine Tasche in den Raum tragen? Ist es dir recht?» – «Sag mal, spinnst du?» Raffaela wirkte aufgebracht. «Wieso? Ich habe mit dir abgemacht, wenn ich deine Sachen aufräume, dann frage ich, um keinen Ärger mit dir zu bekommen!» Raffaela war fassungslos.

Das Spiel ging noch ein paar Tage weiter. Aber Raffaela fing allmählich an, ihre Sachen aufzuräumen. «Ich hätte nicht gedacht, dass diese Methode wirkt», meinte die Mutter im Nachhinein. «Das war ein Frieden bei uns. Fast langweilig! Ich hatte das Chaos mit dem Aufräumen schon fast vergessen. Doch neulich hörte ich Raffaela: ‹Ach, du arme Jacke, hat Mama dich etwa vergessen! Deshalb siehst du so traurig aus. Wohin gehörst du wohl? Ich glaube, wir fragen mal Mama.› Dann rief meine Tochter: ‹Mama, komm mal. Wohin darf ich deine Jacke hängen?›»

«Tja, die lernen nur aus Folgen», so Bianca Maier. «Die Kinder wollten, dass ich in ihrem Zimmer sauber mache. Nur aufräumen wollten sie nicht. Da habe ich gesagt, der Staubsauger unterscheidet nicht zwischen Staub und euren Spielsachen. Der saugt alles. Ich sage euch am Tag vorher Bescheid, ob ich sauber mache, wenn es dann nicht aufgeräumt ist, sind eure Sachen vom Staubsauger verschluckt. Thomas machte Ordnung, Jannek zeigte mir, wo ich saugen durfte. Nur Petra ließ alles liegen. Die hat dann am Nachmittag ihre Sachen aus dem Staubbeutel gefummelt. Und mich beschimpft, verflucht, Schadenersatz für kaputtes Spielzeug gefordert – aber von da an nahm sie meine Ankündigung ernst.»

Sie habe kein Problem mit der Unordnung im Kinderzimmer, erklärt mir Renate Dirks. Nur wenn das Chaos ins Wohnzimmer quillt, «da läuft mir die Galle über. Ich hab mit den beiden eine Absprache getroffen, alles, was liegen bleibt, kommt nach zweimaliger Aufforderung zum Aufräumen in einen Zaubersack. Der werde erst nach 4 Tagen geöffnet. Die beiden waren einverstanden. Als ihre Lieblingsspielsachen verschwanden, haben sie Zeter und Mordio geschrien, aber mich ernster genommen. Sie haben mich danach gebeten, meine Aufforderung, aufzuräumen, deutlicher zu formulieren und ihnen etwas Zeit dafür zu lassen. Das habe ich liebend gern getan.» Sie schmunzelt: «Der Nerv ließ nach. Jetzt gibt's einmal im Monat Chaostage im Wohnzimmer. Da dürfen sie die Sau rauslassen.»

Kinder lernen auch beim Aufräumen aus natürlichen Folgen – jene, die sie durch Tun anschaulich erfahren, und jene, die sich aus nicht gehaltenen Absprachen ergeben. Aber Konsequenzen sind kein Allheilmittel – sie sind nicht mit einem Antibiotikum, eher mit homöopathischen Mitteln zu vergleichen. Auf die richtige Dosierung kommt es an. Konsequenzen müssen auf der Grundlage gegenseitiger Achtung gefunden werden. Nur so kann den Kindern Verantwortung für ihr Tun übertragen werden. Gemeinsame Absprachen, an die sich alle Beteiligten zu halten haben, sind dabei unabdingbar.

Und wenn Regeln für Kinder gelten, treffen sie für Erwachsene allemal zu. Nur am Kind den Beelzebub «Unordnung» auszutreiben, das Gebälk im eigenen Auge zu übersehen, ist nicht nur ungerecht, es fördert die anarchische Phantasie der Kinder.

Nun kann man nicht jeder Unordnung mit konsequentem Handeln begegnen. Manchmal *können* Kinder nicht aufräumen, obwohl sie wollen. Sie haben schlichtweg den Überblick verloren:

- Da ist das übervolle Kinderzimmer, wo sich Spielzeug über Spielzeug, Kleidungsstück über Kleidungsstück stapelt. Manchmal ist es hilfreich, überhaupt erst eine «Schneise» zu schlagen, damit Kinder ermutigt werden aufzuräumen. Dann empfiehlt es sich etwa, Kleidung, die ein Kind nur im Sommer benötigt, im Winter im Keller zu lagern.
- Manchmal ist es hilfreich, gemeinsam mit Kindern das Spielzeug durchzuflöhen und zu überprüfen, ob es überhaupt noch benötigt wird. Entscheidungsproblemen kann man dadurch begegnen, indem man Spielzeug in einer Kiste im Keller oder auf dem Boden lagert. Was man wirklich nicht mehr braucht, kann man auf dem Flohmarkt verhökern, um sich für das Geld aktuellere und altersangemessenere Sachen zu kaufen.
- Vergessen Sie nicht: Jüngere Kinder haben ein ganz eigenes Ordnungssystem. Während die älteren sammeln, zerstreut das jüngere Kind Sachen, zerlegt es, um so eine Ordnung herzustellen. Hier ist konsequentes Handeln kontraproduktiv und eine pragmatische Vorgehensweise hilfreicher.

Thomas, 2 Jahre, hatte die Angewohnheit, hinter jedes Ding zu schauen – vor allem war er spezialisiert auf technische Geräte. Er baute Kaffeemaschinen ebenso auseinander wie Radios, CD-Anlagen waren vor ihm ebenso wenig sicher wie sein Kassettenrecorder. Lagen die Geräte auseinander gebaut vor ihm, fehlte ihm die Fähigkeit, zusammenzufügen, was zusammengehört. Die Eltern hatten eine Idee. Sie besorgten sich bei einem Elektrohändler gebrauchte, nicht mehr funktionsfähige Geräte, an denen er sein Talent ausprobieren konnte. Dafür durfte er am übrigen Inventar seine «Ingenieurkunst» nicht mehr anwenden. Die Absprache funktionierte, auch wenn Thomas' Augen sehnsüchtig auf Papas Computer schielten.

Eltern und Kinder haben bei der Unordnung ganz eigene Vorstellungen, die nicht unbedingt kompatibel sind. Und so sollten Eltern einige Grundsätze beherzigen:

- Ordnung ist mehr ein praktisches, kein charakterliches Problem. Deshalb kann man Ordnung nicht verordnen.
- Wenn Eltern für ihre Kinder aufräumen, so unterlaufen sie eine Erziehung, die auf Selbständigkeit, Eigenverantwortung und das Erlernen von Regeln abzielt. Eine häusliche Fünf-Sterne-Qualität engt Kinder ein, ein Hotel garni, das Bett und Frühstück bereithält, tut's auch.
- Unordnung zu beseitigen kostet Energie und Kraftaufwand. Verständlich, wenn Kinder keine Lust zum Aufräumen haben, ihnen der Sinn nach anderem steht. Das Lustprinzip ist zwar schön, aber wer mit dem Aufräumen so lange wartet, bis es Lust macht, verliert den Überblick und versinkt in Unordnung. Aber auch die Umkehrung gilt: Wer seine Lust im Aufräumen befriedigt, dem entgeht eine Menge.
- Eltern sind Vorbilder. Auch beim Aufräumen, bei der Ordnung – oder der Verwirklichung in Unordnung.

Veronika, 10, und Timo, 8 Jahre, ärgerten sich. «Als wir», beschweren sie sich auf einem Familienrat bei den Eltern, «unsere Sachen haben herumliegen lassen, kamen sie sofort in einen Zaubersack.» – «Sogar einmal meine Schultasche», ereifert sich der Junge. «Da sah ich ganz schön doof aus.» Veronika schaut die Eltern strafend an: «Und wir haben uns gebessert. Oder?» Die Eltern nicken zufrieden. «Toll macht ihr das», lobt die Mutter. «Und wie's in euren Zimmern aussieht, ist mir sowieso egal. So war es ja abgesprochen.» – «Aber Mama», greift das Mädchen den Faden wieder auf. «Papa kommt aus der Schule, lässt an der Haustür alles fallen. Sogar seinen großen Aktenkoffer. Der steht bis spätabends da rum. Ich hab mich neulich sogar daran gestoßen.»

Er sei halt müde, versucht die Mutter das Verhalten ihres Mannes zu erklären. «Von solchen aufsässigen Kindern wie euch», lacht der Vater. «Leitet ihr erst mal eine Schule!» – «Wir sind auch müde und tragen unsere Taschen weg», beharrt Timo. Er finde es gemein, dass für Papa eine Extrawurst gebraten werde. «Dann bin ich auch wieder müde und lass alles fallen», droht er. «Genau!», unterstützt Veronika. «Nur weil Papa Rektor ist, muss er doch nicht zu Hause auch noch der Bestimmer sein!» An seine Mutter gerichtet: «Dich ärgert das doch auch. Du hast neulich geflucht, als du über seinen Koffer gestolpert bist. Nur jetzt traust du dich nicht, ihm das zu sagen.» Kurzer Tumult, alle reden durcheinander. «Und was schlagt ihr vor?», will der Vater wissen. «Ich trag sie dir für Geld ins Zimmer», schlägt Timo vor. «Geldgeiler Affe!», schimpft Veronika. «Wir haben uns was anderes überlegt. Wir weisen Papa zweimal darauf hin, wo die Tasche steht. So habt ihr es mit uns auch gemacht. Und wenn er sie dann nicht wegräumt, kommt sie in den Zaubersack. Und den öffnen wir erst am übernächsten Tag!» Der Vater blickt erstaunt drein. «Papa, das war damals dein Vorschlag. Wir waren einverstanden. Und es hat doch funktioniert. Du bist wirklich ein toller Pädagoge, ehrlich!» Timo ist begeistert, der Vater einverstanden.

In den folgenden Tagen räumt der Vater nach mindestens einer Ermahnung auf. Aber dann reagiert er nur mit «Gleich!» oder «Ja! Ja!» An diesem Abend ist die Tasche verschwunden. Auch noch am nächsten Morgen. Als der Vater den Koffer wiederhaben will, sind die Kinder taub auf beiden Ohren. Timo erklärt süffisant, der Koffer sei im «Pädagogenhimmel». Da seien wichtige Papiere drin, will der Vater seinen Sohn erweichen. «Erklär es der Behörde», meint Timo ganz ernsthaft. «Mein Lehrer hatte auch Verständnis, als ich damals ohne Tasche kam.» Timo schmunzelt: «Papa, dir fällt doch bestimmt eine Ausrede ein.» Der Vater verlässt ohne Koffer das Haus, kommt in die Schule. Die Stellvertreterin ist erstaunt: «Günther! Wo ist denn dein Koffer?» – «Im Zaubersack!», ruft er missmutig. Die Kollegin stutzt, und Günther erklärt ihr alles. Sie grinst über beide Backen: «Tolles Ding! Das werde ich heute Abend bei meinem Mann probieren! Dessen Unordnung regt mich schon seit Jahren auf!»

Teil II

Die Kunst der Balance in Beziehungen

6. Geschwisterliebe – Geschwisterstreit

Philip, 5 Jahre, kommt zur Mutter gerannt, die im Garten arbeitet. «Sind Dennis und Josef immer größer als ich?», will er wissen. Die Mutter lächelt ihn an: «Die sind nun mal älter, Philip! Dennis ist 15 und Josef 12 Jahre. Das weißt du doch!» Philip sieht nachdenklich und ein wenig verzweifelt aus: «Wirklich? Sind die immer größer als ich?» Die Mutter nimmt Philip in den Arm: «So ist das, mein Kleiner!» Das macht ihn wütend: «Aber ich will nicht immer dein Kleiner sein. Ich will auch mal der Größte sein!» Säuerlich stapft er von dannen, kommt nach einiger Zeit zufrieden lächelnd zurück. «Ich bin auch mal der Größte», sagt er selbstbewusst. Kurze Pause. «Wenn Josef und Dennis tot sind.» Die Mutter ist sprachlos und irritiert. Als sie Philip streicheln will, weist er das schroff zurück. Dann findet sie ihre Worte wieder: «Aber Philip, das dauert noch sehr lange.» Er schüttelt trotzig seinen Wuschelkopf: «Nein!», ruft er. «Ich gehe jetzt zu denen und bring die um!»

Als die Mutter diese Situation auf einem Familienseminar vorstellt, wirkt sie immer noch geschockt: «Woher hat er diese Phantasien? Woher nur?» Sie denkt nach: «Aus dem Fernsehen bestimmt nicht! So etwas sehen wir nicht! Vielleicht von den Märchen?» – «Der ist einfach eifersüchtig», wirft eine andere Mutter ein. Das könne nicht sein, erwidert Philips Mutter. Sie versuche, allen Kindern gerecht zu werden und ihre Liebe gleichmäßig zu verteilen. Als Philips Vater dies hört, scheint er gereizt. Das mit der Eifersucht werde doch übertrieben. Das Leben sei eben ein Kampf, wo's auch mal ungerecht zugehe. Eifersucht kenne er nicht und würde das den Kindern auch nicht vorleben. Das glaube ich ihm gerne, meine ich. Aber Kinder würden Eltern unterschiedlich wahrnehmen. «Die sehen nicht die elterliche Zuwendung, die messen Eltern am Verhalten.» Er runzelt die Stirn. Das verstehe er nicht.

«Stellen Sie sich mal vor, Ihre Frau kommt von einem Seminar nach Hause und eröffnet Ihnen: ‹In neun Monaten kommt ein neuer Mann, Schatz! Du weißt, ich liebe dich!›» Philips Mutter prustet laut los, der Vater schmunzelt still in sich hinein. «Ihre Frau sagt», fahre ich fort, «du bleibst mein Bester, mein Liebster, mein Ältester, mein Größter!» Philips Mutter schlägt sich vor Lachen auf die Schenkel, der Vater sieht nun zögerlich aus. «Und du wirst sehen, sagt Ihre Frau zu Ihnen, wie du, wie ihr euch vertragt. Also es ändert sich nichts, du bleibst mein Größter, mein Liebster! Und ich werd dich so lieb haben wie bisher!» Ich grinse Philips Vater an, er schmunzelt zurück. «Wie würde es Ihnen dabei gehen?» – «Meiner Frau kein Wort glauben und den Kerl umbringen, wenn der da ist!» Dann wird er ernst: «Und so geht es Philip auch, meinen Sie? Nur andersherum?» Kurze Pause: «So habe ich das noch nicht gesehen.»

Geschwister nehmen Eltern unterschiedlich wahr – und nicht selten aus der Position, die ihnen Vater und Mutter zuschreiben. Sie sehen dabei nicht, dass Eltern versuchen, ihre Zuneigung und Liebe gleichmäßig zu verteilen. Kinder bewerten Eltern am alltäglichen Handeln: dass der größere Bruder länger aufbleiben darf, dass die Mutter der kranken Schwester *mehr* Aufmerksamkeit gibt, dem langsameren Bruder *länger* bei den Hausaufgaben hilft, sich beim schmächtigeren Bruder toleranter beim Essen verhält, sich bei der stilleren Schwester geduldiger verhält.

Eltern lieben alle Kinder gleichermaßen, aber sie verhalten sich ungleich. Und das ist manchmal lebensnotwendig: So braucht das Neugeborene eine intensivere Begleitung als das ältere Kind im Trotzalter. So benötigt das Kind, das gerade in den Kindergarten kommt, andere Formen von Nähe als die Schwester, die die Einrichtung schon seit Jahren besucht. Gerade die Verschiedenheit der Situationen macht verschiedenes Handeln notwendig. Das wirkt aus der Sicht eines betroffenen Kindes nicht unbedingt gerecht. Klagen und Quengeln sind die Folge. Aber bedenken Sie: Sollten Sie es schaffen, es allen Kindern gerecht zu machen, bleibt eine Person übrig, der sie nicht gerecht werden – sich selber!

Vertrauen können Sie aber auf folgenden Sachverhalt: Fühlen sich Kinder zurückgesetzt, so handeln sie und sorgen dafür, Aufmerksamkeit zu bekommen. Jonas, 5 Jahre, hat ein Geschwisterchen bekommen, das viel Zuwendung braucht, weil es nicht gesund das Licht der Welt erblickt hat. Vor allem das Füttern erfordert viel Zeit. Jonas fühlt sich hintangesetzt und beginnt nun, betont langsam und «wie ein Schwein» (so der Vater) zu essen. «Der kleckert und wird nicht fertig. Wenn wir dann Konsequenzen ankündigen und er allein weiteressen soll, geht das ganze Theater weiter.» Erst als der Vater den Säugling füttert, die Mutter sich bei den Mahlzeiten neben Jonas setzt und behutsam auf ihn eingeht, lassen Jonas' Störungen nach.

«Aber», so sagt die Mutter, «er hat doch viel Zuwendung bekommen. Ich war auch für ihn alleine da!» – «Wann?», will ich wissen. «Na, wenn die Kleine geschlafen hat!» – «Das war eine Zuwendung zweiter Wahl», erkläre ich. «Um es aus der Sicht von Jonas zu formulieren: Wenn die kleine Kröte schläft, bin ich gerade gut genug!»

Anjas Mutter nickt, als sie das hört: «Anja war irgendwann eifersüchtig auf Niklas. Sie hat ihn geschlagen, war gar nicht mehr lieb. Ich bin ausgerastet, hab sie ständig in ihr Zimmer gesteckt, wenn sie bös war, aber das war absoluter Mist. Richtiger Liebesentzug!» Sie sieht mich an: «Anja hat dann angefangen einzukoten, wollte die Windeln wiederhaben. Sie haben mir damals Rituale vorgeschlagen. Während mein Mann Niklas genommen hat, bin ich mit Anja rausgegangen. Wir haben regelmäßig einmal in der Woche etwas unternommen. Dann haben wir eine Kuschelphase inszeniert, sodass einer von uns bei Niklas war, der andere sich ungestört um Anja kümmern konnte. Dabei haben wir sie wie ein kleines Kind behandelt, massiert, in einer Babysprache mit ihr geredet. Das hat sie genossen. Schließlich habe ich Anja dazu gebracht, mich zu unterstützen, wenn ich Niklas sauber machte. Da war sie die Große.» Sie lacht: «Und irgendwann hat Anja gesagt, Niklas ist unser kleiner Hosenscheißer und ich bin die Große, nicht, Mama?»

Diese Familie hat sich überzeugend der Geschwisterrivalität angenommen. Rivalität ist normal und bedeutet zunächst den Versuch der Geschwister, sich den größtmöglichen Kuchen an der elterlichen Zuwendung zu beschaffen: Die Eltern haben Anja durch ein außerhäusliches Ritual die Gewissheit gegeben, dass sie nicht übersehen wird. Im Kuschelritual haben sie Anjas Wünsche erfüllt, sich als kleines Kind zu fühlen. Gerade die Geburt eines Geschwisterkindes bringt die Älteren dazu, zu regredieren, in diesem Fall zum «Hosenscheißer» zu werden, um so Aufmerksamkeit zu erhalten. Schließlich lebt der Säugling das Modell vor, wie man ungeteilte Zuwendung bekommt: Hunger im Bauch und die Windeln voll. Indem Anja sich an der Pflege von Niklas beteiligt, würdigt man sie als «große» Schwester, die *über* dem Bruder steht. Sie braucht die Windeln nicht mehr, sie nimmt sie ihrem Bruder ab und entsorgt sie.

Geschwisterstreitigkeiten sind normal. Und es gibt Phasen, in denen diese besonders stark entflammen:

- Wenn ein Geschwisterkind auf die Welt kommt, sich damit das familiäre Beziehungssystem wandelt. Dabei taucht Eifersucht meist nicht während der Schwangerschaft oder unmittelbar nach der Geburt auf. Erlebbar wird die Rivalität erst, wenn das neue Familienmitglied krabbeln oder laufen lernt, mithin in das Gesichtsfeld und den Dunstkreis der älteren Geschwister eintritt.

- Trennungs- und Absetzungsversuche gestalten sich vehement, wenn das ältere Kind die Schule besucht, das jüngere noch in den Kindergarten geht oder das ältere Kind in die Pubertät kommt, die jüngeren noch um die Nase grün sind. Während die jüngeren Geschwister stolz darauf sind, den älteren Bruder oder die große Schwester anhimmeln, empfinden diese die «Kleinen» nur als ätzend und fürchterlich.

«Sie sagen, man solle sich aus den Geschwisterkämpfen raushalten», meint ein Vater. «Das ist manchmal verdammt schwer», stöhnt eine Mutter. Vielfach ist es nicht einfach, cool zu bleiben, die Zeitung weiterzulesen, das Gespräch fortzusetzen, wenn Kriegsgeschrei aus dem Kinderzimmer dröhnt, man das Gefühl hat, dort werde jemand massakriert, wenn weinende Kinder angerannt kommen, um Hilfe bitten oder petzen, die anderen hätten schon wieder das Spielzeug weggenommen. Aber von Kindern provozierte Eingriffe der Eltern in die Schlacht im Kinderzimmer gewähren nur einen kurzen, brüchigen Frieden. Denn kaum hat man ihnen den Rücken gekehrt, geht der Kampf unvermindert weiter. Und diejenigen, die Eltern als Koalitionspartner herbeigesehnt haben, werden erst recht zur Zielscheibe von Aggressionen.

Kinder lernen voneinander – eben nicht allein Hilfsbereitschaft, Fürsorge, Solidarität und Trost, sie lernen auch, sich auseinander zu setzen, sich voneinander abzugrenzen, zu fluchen, zu hassen. «Aber muss denn der Streit immer so laut sein? Müssen sie sich denn immer in den Haaren liegen?» fragt Isolde Kramer, Mutter des 5-jährigen Nico und des 3-jährigen Robert. «Das ist doch nicht normal!» – «Überlegen Sie sich einmal», antworte ich. «Die streiten sich nicht mehr laut. Da herrscht kommunikative Ruhe zwischen den beiden. Sie kommen in das

Zimmer, beide sitzen am Tisch, und Nico sagt zu Robert: ‹Robert, ich finde es nicht gut, dass du mir in den Finger beißt. Das tut weh, und man kann sich dadurch vergiften.› Und Robert antwortet: ‹Nico, das tut mir Leid. Ich denke, ich werde mich künftig beherrschen. Ich werde autogenes Training machen oder einen Kurs besuchen: Wie streite ich richtig mit meinem Bruder! Ich finde es aber toll, dass wir nun endlich darüber geredet haben. Das sollten wir öfters machen.›» Ich sehe die Mutter an: «Was würden Sie dann tun?» – «Sofort in Ohnmacht fallen!»

Nun müssen Eltern nicht jedes lautstarke Schlachtengetümmel über sich ergehen lassen oder eine «Ist-mir-doch-egal-Haltung» gegenüber jeglicher Geschwisterrivalität einnehmen. Man kann Kindern Raufrituale (nicht beißen!, nicht spucken!, nicht treten!, ein Codewort für die Unterbrechung oder Beendigung des Kampfes erfinden) zeigen, damit Fairness oberstes Gebot bleibt. Man kann mit Kindern eine Auszeit vereinbaren, wenn der Kampf überhand nimmt, sie Regeln vergessen. Auszeit heißt, jedes Kind für eine Zeit in sein Zimmer zu schicken, um sie dort «abdampfen» zu lassen. Räumliche Lösungen helfen, wenn Zusammenstöße besonders verbissen ausfallen und ein eigenständiger Ausweg aus der Auseinandersetzung nicht mehr gefunden wird.

«Wenn's zu laut wird und ich keine Lust hab einzugreifen, gehe ich ins Badezimmer», erzählt mir eine Mutter. «Dort hab ich mir einen Stuhl hingestellt und Bücher. Ich setz den Walkman auf und hör klassische Musik, meine Lieblingsmusik. Nach einer Symphonie von Haydn herrscht draußen Stille. Manchmal denke ich, die haben sich umgebracht. Aber sie leben noch, sind ein Herz und eine Seele.»

«Aber gibt es nicht doch Anlässe einzugreifen?», insistiert eine Mutter. «Meinen Sie, sonst ohne Beschäftigung zu sein?», frage ich zurück. «Das nun nicht gerade, ich meine ja nur.» In drei Situationen sind elterliche Eingriffe unverzichtbar. Denn manchmal provozieren Kinder geradezu väterliche oder mütterliche Einmischung, um auf Störungen in der Eltern-Kind-Beziehung aufmerksam zu machen:

- Wenn Kinder sich nicht an vereinbarte Raufregeln halten oder abgesprochene Rituale verletzen, dann muss gehandelt werden. Sonst machen Sie sich unglaubwürdig. Die Grenzverletzungen sind zu überprüfen, ob ein Kind die Regeln nicht einhalten kann (z. B. weil es sich überfordert fühlt) oder will (z. B. weil es über Provokation Zuwendung möchte).
- Bei Aggressionen gegenüber dem Geschwisterkind, die so offenkundig geschehen, dass Eltern dies bemerken müssen. Greift man hier nicht ein und ignoriert verletzende Zugriffe, so weiten die sich aus. Meist will das Kind durch störende Aktivitäten auf eine unbefriedigende Lebenssituation aufmerksam machen.
- Ähnliches gilt dann, wenn der Geschwisterstreit ständig vor Augen und Ohren der Eltern stattfindet, sie mithin Zuschauer und Adressaten der Auseinandersetzung sind. Wer wegschaut, trägt zur Eskalation des Konfliktes bei. Meist inszeniert ein älteres Geschwisterkind diesen Streit so, dass Eltern einbezogen werden, der Streit mithin symbolischen Charakter hat, weil das Kind die Eltern auf fehlende Zuwendung hinweisen möchte.

Kinder wollen sich voneinander abgrenzen. Ihr Alter, Geschlecht und Temperament unterscheiden sie. Konflikte sind vorprogrammiert. Man hat lange Zeit über die Bedeutung der Geschwisterposition für das Leben eines Kindes nachgedacht. So prägend sie auch sein mag, letztlich scheint doch der psychosoziale Rahmen bedeutsamer, in dem Geschwister aufwachsen: Trennungs- und Scheidungserfahrungen, Krankheit oder Tod in der Familie, Umzug, Beziehung der Eltern, die Bedeutung der Großeltern. Nicht zu vergessen sind die Eigenschaften, die Kinder schon mit auf die Welt bringen – sie sind beschriebene Blätter, aber welches Buch daraus wird, das bestimmen sie doch selber. Eltern weisen Kindern bestimmte Rollen zu. Umgekehrt bemerken die Kinder, welche Anteile sie in einer Familie besetzen können, um nicht unterzugehen. Kinder entdecken jene Seiten des Familienskriptes, die noch nicht verfasst sind. Oder sie füllen die bis dahin leeren Kapitel.

Sie habe ein Sandwich-Kind, ein richtiges «Mittelkind», erzählt mir eine Mutter. «Der Ronald, der ist jetzt 8 Jahre und so ganz anders als die beiden anderen. Die sind eher introvertiert, ruhig, vorsichtig, sind kulturell begabt, spielen ein Musikinstrument.» Ronald habe nichts von dem, meint sie, rein gar nichts. Er sei neugierig, frech, lese nicht, würde gerne fernsehen, sei künstlerisch eine Null. Es mache ihr alles Sorge, weil «es Sandwich-Kinder schwer haben». Warum? Meiner Meinung nach blicken Sandwich-Kinder durch, nach oben, nach unten, überallhin und durchschauen ihre Eltern. Sandwich-Kinder sehen alles sehr genau und besetzen dann den Platz, der noch frei ist. «Oder wollen Sie, dass Ronald noch musikalischer, künstlerischer, noch introvertierter wird als seine Geschwister?» – «Um Gottes willen. Er soll doch so bleiben, wie er ist!»

Eltern sollten Kinder so annehmen, wie sie sind, nicht ständig vergleichen – auch wenn es manchmal schwer fällt. «Unsere ersten drei Kinder sind pflegeleicht», erzählte mir eine Mutter vor Jahren. «Nur unser letzter, der 5-jährige Joscha, der hat's schwer. Der ist viel krank, hat Allergien, ist vielleicht wahrnehmungsgestört. Der stellt uns auf eine harte Probe. Ich raste häufig aus. Ich komm mir schon vor wie eine Versagerin. Es ist so schwer, ihn anzunehmen.» Manchmal frage sie sich, warum Joscha so wäre. Er könnte doch auch anders sein. «Ich erzähle Ihnen eine Geschichte», antworte ich. «Vielleicht können Sie Joscha dann verstehen. Als Petrus im Himmel den Joscha zu vergeben hatte, da suchte er eine starke Mutter für ihn und auch eine starke Frau. Er wusste, Joscha ist eine Herausforderung. Und da fiel der Blick auf Sie. Er vertraut Ihnen. Ein Kind wie Joscha braucht eine starke Mutter.» Sie brach in Tränen aus, nicht Tränen der Trauer, sondern Tränen des Glücks. Diese Situation spielte vor vielen Jahren. Joscha ist inzwischen erwachsen – mit allen Stärken und Macken, einfach waren die Jahre nicht immer. «Diese Geschichte, die Sie mir damals erzählt haben», so berichtete mir die Mutter vor einiger Zeit, «hat mir geholfen, Joscha als Geschenk zu sehen, als Geschenk für mich, für meinen Mann, für die ganze Familie. Aber den Wert von Geschenken erkennt man nicht immer auf den ersten Blick.»

7. Großeltern mischen mit

Wenn sie von den Großeltern kommt, nervt die 3-jährige Sabine ihre Mutter, bei Oma und Opa dürfe sie alles, die erlaubten viel mehr. «Ich glaube, die mögen mich lieber», schleudert Sabine eines Tages ihrer Mutter entgegen. Die überhört das und erwidert einigermaßen ruhig: «So was kannst du mit Oma und Opa machen, aber nicht mit mir!» Sabines zornige Reaktion: «Dann kann ich ja gleich bei euch ausziehen!» Dieser Satz macht Sabines Mutter zuerst sprachlos, dann wird sie wütend auf die eigenen Eltern, «weil die sich mit ihrer Großzügigkeit in meine Erziehung einmischen und es mir schwer machen».

Ein Stoßseufzer, den man in mancher Familie hört: Nervereien zwischen Eltern und Großeltern über die Kindererziehung. Momentane Irritationen sind normal – mal einfacher, mal nur mit Geduld und Gelassenheit zu lösen.

Kinder brauchen ihre Eltern genauso wie die Großeltern, die ihnen Verlässlichkeit und Sicherheit vermitteln.

Großeltern erleben die Beziehung zu ihren Enkeln als Phase für eine zweite Elternschaft. Der unmittelbaren Verantwortung entzogen, erziehen sie großzügiger und toleranter. Viele Großeltern tun alles, um die Bedürfnisse ihrer Enkel zu befriedigen, ja, Wünsche der Enkel klingen in den Ohren von Großeltern wie angenehme Befehle. Der französische Philosoph Jean-Paul Sartre hat das in seinen Lebenserinnerungen so ausgedrückt: «Ich konnte meine Großmutter in Entzücken versetzen, nur weil ich Hunger hatte.»

Die gelassenere (nicht: gleichgültige!) Beziehung mancher

Großeltern zu den Enkeln bringt freilich Erziehungsstile mit sich, die es den Eltern nicht gerade leicht machen. Viele Eltern reagieren besorgt: «Verwirren solche Unterschiede nicht die Kinder? Wissen sie überhaupt, woran sie sich halten können?» Dabei erfahren Kinder sehr schnell: Der Kontakt zu den Eltern ist ein anderer als der zu den Großeltern. Das Kind vergleicht natülich Erziehungsstile, bewertet sie. Ein Problem ergibt sich nur dann, wenn sich Großeltern und Eltern darüber auseinander setzen, wer «besser», «richtiger» erzieht oder wer «Recht hat». Wenn die großelterliche Erziehungshaltung gegen die elterliche ausgespielt wird, bringt das Kinder in Konflikte: Einerseits mögen sie ihre Eltern, andererseits die Großeltern – aber beide eben auf eine ganz eigene Weise.

Ein anderes Problem möchte ich an einer beispielhaften Szene veranschaulichen: Mutter, Großmutter und Enkelin sitzen in einem Restaurant. Es gilt die Absprache zwischen der Mutter und der Tochter Sarah, dass diese keine Cola, sondern nur Orangensaft bekommt. Sarah kennt und akzeptiert diese Regel. Dann quengelt und klagt sie, verlangt doch nach Cola – so lange, bis die Großmutter ihrer Enkeltochter eine Cola bestellt. Während Sarah zufrieden in sich hineinlächelt – schließlich hat sie nicht nur das gewünschte Getränk bekommen, sondern auch den Machtkampf gewonnen –, ist die Großmutter Zielscheibe giftiger mütterlicher Blicke. Und mit Recht. Denn der Mutter wird die Verantwortung für ihr Tun entzogen. Und Sarah hat Entscheidendes gelernt: «Wenn Oma anwesend ist und ich lange genug auf sie einwirke, wird sie schwach, und ich bekomme alles!» Sarah wäre nicht die listige Sarah, würde sie dieses Modell nicht in ähnlichen Alltagssituationen erneut anwenden.

Zudem macht die großmütterliche Intervention ungeklärte Beziehungskonflikte zwischen Mutter und Großmutter deutlich: Manchmal steckt hinter großelterlichen Einmischungen mehr. Sie haben ihre Kinder nicht wirklich losgelassen und behandeln sie entsprechend. Und deshalb nehmen viele Eltern derartige Eingriffe in ihre Erziehungsverantwortung als persönliche Kritik wahr. Sie spüren, es geht um mehr als nur um unterschiedliche Auffassungen in Erziehungsfragen.

Großeltern sind eine Bereicherung für ihre Enkelkinder, wenn alle Familienmitglieder sich an einfache Selbstverständlichkeiten im Zusammenleben halten:

- Großeltern können lernen, die Kontrolle über die eigenen Kinder aufzugeben. Die Eltern von heute brauchen Unterstützung und Begleitung, nicht ständige Versorgung und die ungefragte Einmischung.
- Großeltern erleben sich häufig in einer widersprüchlichen Position. Einerseits sind sie als Babysitter, als Aufpasser gerne gesehen, andererseits möchten viele Eltern Oma und Opa am liebsten bewachen, damit sie ähnlich erziehen. Das ist eine Überforderung. Großeltern erziehen anders und pflegen eigenständige Beziehungen zu ihren Enkeln. Es ist wenig sinnvoll, Großeltern verändern zu wollen. Sie haben eigene Erfahrungen gemacht, die für sie absolute Gültigkeit besitzen. Viele Großeltern sind bereit, sich selber zu verändern – nur bestimmen sie das Tempo dieses Prozesses selbst.
- Wer seine Kinder den Großeltern anvertraut, gibt zugleich Verantwortung ab. Vertrauen Sie Ihrem Kind, dass es selbst die Unterschiede erkennt, Vor- wie Nachteile abwägt. Kinder sind durchaus in der Lage, die spezifischen Erziehungsstile zu bewerten.

«Wenn ich manchmal Stress mit Mama habe», sagt die 14-jährige Isabella, «dann gehe ich zu Oma.» – «Was macht die anders als deine Mutter?», will ich wissen. «Ach, die nimmt mich nur in den Arm und sagt nicht gleich etwas oder macht mir Vorwürfe. Irgendwie hat die mehr Verständnis.» Sie sieht mich an: «Ich find meine Mama absolut toll. Aber es ist doch auch schön, dass es

Oma gibt.» Isabellas Großmutter schmunzelt, als sie das hört. «Sind Sie eine Super-Oma?», frage ich lachend. «Ach wissen Sie, das glaube ich nicht. Aber ich kann heute manches gelassener sehen. Ich stehe nicht mehr ganz vorne an in der Verantwortung. Also, als meine Tochter, ich meine Isabellas Mutter, jung war, konnte ich viel weniger aushalten. Ich glaube, sie ist dann auch schnell zu ihrer Oma gerannt. Das tat mir weh. Aber wenn man es sich genau überlegt, dann ist das doch erleichternd.»

Großeltern reagieren häufig unbeschwerter, weiser, verwöhnen, schränken weniger ein, weil sie über einen Erfahrungsschatz verfügen, auf den sie beruhigt zurückgreifen können. Und sie leisten einen konstruktiven Beitrag, um die elterliche Macht über Heranwachsende zu relativieren. Kinder werden ermuntert, die Auseinandersetzung mit den eigenen Eltern zu suchen. «Mein Vater schimpft immer, wenn ich mit einer schlechten Schulnote nach Hause komme», erzählt der 15-jährige Elias. «Und er stellt sich als das größte, fleißigste und intelligenteste Schulgenie dar, das es je gegeben hat. Ich konnte das irgendwie nicht glauben. Eines Tages sagte mir Opa, als ich mal wieder wegen des Zeugnisses traurig war, der Apfel fiele nicht weit vom Stamm. Ich wollte wissen, was er meine. Dann hat er mir erzählt, was für ein fauler Hund der Papa gewesen war und von dem ständigen Ärger in der Schule. Das hat mir geholfen. Nun sehe ich Papa in einem anderen Licht! Er ist viel normaler geworden, nicht der Oberguru!»

Eltern haben gegenüber ihren Kindern Erfahrungsvorsprünge, durch die sie stark sind und auf die sich Urvertrauen aufbauen lässt. Aber das Mehr an Erfahrung kann auch hinderlich sein: Eltern schränken ein, wissen alles besser. Sie lehnen ab oder strafen. Die Abhängigkeit, die Kinder von ihren Eltern spüren, wird relativiert, wenn die Heranwachsenden spüren, dass die eigenen Eltern auch unvollkommen sind oder waren. Im Halt und in der Orientierung, die Großeltern bieten, liegt so die Chance, die Allmacht der Eltern zu begrenzen.

Großeltern zeigen ihren Enkelkindern zudem an, woher die Eltern stammen, was sie geprägt hat. Oma und Opa repräsentieren Vergangenheit, eine Vergangenheit, die Enkel daraufhin überprüfen können, was sie davon in der Gegenwart aufheben wollen. In diesem Sinne sind Großeltern «Nebeneltern», die die Eltern-Kind-Beziehung nicht ersetzen, sie vielmehr ergänzen und erweitern.

«Ich beobachte etwas ganz Merkwürdiges», erzählt mir Maria Weber, Mutter zweier Kinder. «Als ich jung verheiratet war, noch keine Kinder hatte, da wusste mein Vater alles besser. Und meine Mutter redete permanent dazwischen. Nichts konnte man ihnen recht machen. Seit Patrick und Johanna auf der Welt sind, reagieren meine Eltern viel ruhiger und sind richtig gelassen geworden. Wenn ich sie brauche, sind sie sofort da, ansonsten halten sie sich angenehm zurück. Ich hatte schon die schlimmsten Befürchtungen, dass sie sich in alles und jedes einmischen. Und mich dann noch gegen die Kinder ausspielen.» – «Wir erleben Ähnliches», berichtet Walter Schulz, Vater von drei Kindern. «Meine Eltern wohnen in der Nähe. Trotzdem haben wir unser eigenes Territorium. Und die Kinder genießen das, mal sind sie hier, mal sind sie bei Oma und Opa. Natürlich spielen sie uns manchmal gegeneinander aus.» Er lächelt: «Aber das ist normal, finde ich.»

Was er denn bei Oma und Opa gern möge, frage ich den ältesten Sohn von Walter Schulz, den 13-jährigen Florian. Die Antwort kommt wie aus der Pistole geschossen: «Opa kann spannende Geschichten erzählen, wie sie die Lehrer geärgert haben oder er die Schule geschwänzt hat. Opa war nämlich kein guter Schüler. Vor allem im Rechnen schlecht, trotzdem hat er eine große Autowerkstatt geleitet. Wenn ich mal 'ne schlechte Note schreibe, klopft er mir auf die Schulter und tröstet mich. Oma erzähle ich gern was. Sie hört ganz geduldig zu und will es genau wissen. Wenn ich ihr vom Computer erzähle, dann staunt sie Bauklötzer. Am Anfang hat die gedacht, der PC wär giftig, so vorsichtig hat sie den angefasst. Aber jetzt spielt sie mit mir. Und gewinnt sogar.» Er schmunzelt: «Weil ich sie gewinnen lasse. Hat sie ja früher beim ‹Mensch, ärger dich nicht› auch getan.»

Unterstützen sich Eltern und Großeltern und halten eine Balance von Nähe und Distanz, dann bedeutet diese Kooperation nicht allein eine gefühlsmäßige Bereicherung für die (Enkel-)Kinder. Väter und Mütter können sich den Erziehungsalltag erleichtern, weiß man um die helfende Hand der Großeltern im Hintergrund. Schließlich brauchen Eltern nicht alles, was Großeltern als lebenspraktische Weisheit vermitteln, ohne Einschränkung übernehmen.

Die Enkelkinder ziehen aus der Zusammenarbeit von Eltern und Großeltern einen weiteren Gewinn. Sie erleben diese in verschiedenen Rollen und in unterschiedlichen Lebensetappen: Eltern versorgen materiell, vermitteln Sicherheit und Geborgenheit, leben Normen und Werte vor, sind eben für die Alltagsgeschäfte zuständig. Großeltern verkörpern Tradition und Geschichte, sind Modell für Entwicklung im Leben, die sich als Nacheinander von Kontinuität und Brüchen, als stetiges Auf und Ab darstellt. Großeltern vermitteln, dass die Mühen der Ebene genauso zum Leben gehören wie das Verweilen auf dem Gipfel, um den Sonnenaufgang zu genießen.

Großeltern haben mitnichten allein eine symbolische Bedeutung für ihre Enkel, sondern durchaus direkte Erziehungseinflüsse, stellen – wie es ein Familiensoziologe ausdrückte – «Elternfiguren in zweiter Linie» dar.

«Ich empfinde es als schön», so beschreibt Elfriede Hubert, Oma von zwei Enkelkindern, ihre Situation, «dass die beiden Kleinen da sind. Ich weiß, meine Tochter findet das auch gut, dass ich in der Nähe bin. Aber insgesamt halte ich mich zurück. Ungefragten Rat gebe ich nicht.» – «Auf keinen Fall», pflichtet ihr Ilse Albrecht bei, die fünf Enkelkinder hat. «Wo komme ich denn da hin. Ich bin doch froh, dass mein Mann nicht mehr arbeitet.

Und nun wollen wir unsere Freiheit auch genießen. Wir haben die Kinder erzogen, die ganze Verantwortung getragen. Davon haben wir genug. Ehrlich! Als Babysitter jederzeit auf Abruf nur dastehen, das will ich nicht!»

Großelternsein ist eine beglückende und erfüllende Etappe, verleiht dem Leben Sinn. Im Kontakt von Großeltern und Enkelkindern werden generationsspezifische Erfahrungen diskutiert. Es kann eine Erziehungspartnerschaft entstehen, in der man voneinander lernt: Während die einen von einer Vergangenheit berichten, deren Spuren die Gegenwart prägen, entwickeln die anderen Zukunftsperspektiven und prüfen, welche geschichtlichen Erfahrungen in den Reiseproviant gehören, um das Neue zu bestehen.

Doch sosehr Großeltern einen Rückhalt für den erzieherischen Alltag bilden, sosehr sie die Eltern-Kind-Beziehungen bereichern und entlasten – vielen Großeltern reicht das völlig. Sie wollen sich nicht von Kindern und Enkelkindern vereinnahmen lassen. Sie möchten eine Intimität auf Abstand. Denn als Eltern *mussten* sie erziehen, als Großeltern haben sie die Freiheit, sich auf ihre Enkelkinder einzulassen: Sie *können* erziehen, aber sie können's auch lassen. Soll heißen: Großeltern bestimmen das Ausmaß ihres Engagements selbst. Gerade diese Kombination aus Freiheit und Freiwilligkeit bringt jene Gelassenheit hervor, die Enkelkinder so schätzen und die Eltern, die im Alltagsstress verwoben sind, so neidisch und wütend macht.

«Wenn ich jetzt sehe», so Anja Behrens, Mutter von drei Kindern, «wie mein Vater, der früher bei jeder Kleinigkeit an die Decke ging und herumschrie, heute die Ruhe in Person ist, dann ist das für meine Kinder wunderschön, aber es macht mich auch ärgerlich. Warum konnte er damals nicht so sein? Wenn ich dann ausflippe, wie er früher, und mein Vater dann schmunzelt, könnte ich platzen, weil ich doch nie so werden wollte wie er!»

Der Gefühlsausbruch dieser Mutter ist verständlich. Doch

kommt die Zeit, die Großeltern in die Familienerziehung einbringen, allen Beteiligten zugute: den Großeltern, die sich durch die Beschäftigung mit den Enkelkindern in ihrer Persönlichkeit weiterentwickeln, den Eltern, die das großelterliche Engagement als Entlastung und Bereicherung begreifen können, und den Enkelkindern, die in den Großeltern Bezugspersonen haben, auf die sie sich verlassen können. Dies vollzieht sich nicht immer reibungslos und frei von Konflikten. Streit gibt es in jeder Beziehung – auch in der zwischen Eltern und Großeltern. Treten Eltern und Großeltern allerdings in Erziehungskonkurrenz zueinander, sprechen sie sich Kompetenzen ab, zerren sie an den Kindern, dann leiden nicht nur die Enkelkinder.

«Meine Mutter und ich», so berichtet mir Freya Müller, Mutter von Nico, 6, und Merle, 4 Jahre, «haben sehr unterschiedliche Auffassungen über Erziehung. Sie meint, ich wäre zu lasch. Und ich müsste manches anders machen. Die ständigen Kommentare und Eingriffe haben die Kinder richtig durcheinander gebracht. Die haben mich gegen meine Mutter ausgespielt, bis mir eines Tages der Kragen geplatzt ist. Ich hab mich mit meiner Mutter in einer ruhigen Stunde gefetzt und ihr meine Meinung gegeigt. Und sie mir auch. Das war wie ein reinigendes Gewitter. Sie war hinterher kein bisschen beleidigt. Wenn die Kinder nun bei den Großeltern sind, gelten die Regeln, die diese vorgeben. Ich greife nicht ein, wie ich es früher getan habe, wie meine Mutter mir durchaus berechtigt vorwarf. Bei uns sind meine Vereinbarungen mit den Kindern gültig. Und Oma schaut zu, ob ihr das passt oder nicht!»

«Mein Auftritt war da etwas dramatischer», lacht Sonjas Mutter. «Ich hatte eine klare Abmachung mit meiner Tochter beim Essen. Sie brauchte nur so viel zu essen, wie sie wollte. Sonja hat ein feines Gespür dafür, ob sie satt ist oder nicht. Aber meine Mutter insistierte ständig, sie solle noch etwas essen.» Sie schaut so wütend aus, als ob sie ihre Mutter vor sich sieht. «Ich hatte meine Mutter dringlich gebeten, sich herauszuhalten. Ich hatte es ihr ein paar Mal an einem bestimmten Tag schon gesagt. Aber sie hörte nicht. Und als sie dann ständig weiter auf meine Tochter einredete, bin ich mit meinem Teller wortlos vom Tisch aufgestanden, ins Wohnzimmer gegangen, hab dort allein weitergegessen. Meine Tochter fand den Auftritt stark. Oma wäre blass geworden, meinte Sonja hinterher. Meine Mutter habe gesagt: ‹Deine Mama ist aber empfindlich.› – ‹Nein›, hat Sonja geantwortet, ‹du sollst einfach nicht so viel reden.› Meine Mutter hat dann weitergegessen, ohne ein Wort zu sagen.» Später wäre die Großmutter gekommen, habe sich für ihr Verhalten aufrichtig entschuldigt: «Dieses konsequente Verhalten kann ich von dir lernen. Man lernt eben nie aus. Die eigenen Kinder zeigen einem manchmal, wo's langgeht.» Daran habe sich ein fruchtbares Gespräch angeschlossen. «Und auch meine Tochter hat sich abends dafür bedankt», so die Mutter, «dass ich Partei für sie ergriffen habe. Oma ist so lieb, meinte sie, aber beim Essen, da nervt sie fürchterlich.»

Wenn Eltern und Großeltern sich streiten und auseinander setzen, wenn sie unterschiedliche Meinungen und Einstellungen haben, dann gehört das zur Normalität ihrer Beziehungen. Eine tragfähige Großeltern-Eltern-Beziehung hält Reibung und Konflikte dann aus, wenn es um unterschiedliche Auffassungen in einer Sache, zum Beispiel zu Fragen der Kindererziehung, geht. Man zieht nicht immer an einem Strang, dazu sind die Ansichten von Eltern und Großeltern manchmal zu verschieden. Solcher Streit ist notwendig, baut die notwendige Distanz auf, die Eltern und Großeltern nun mal trennt. Denn sie gehören zwei Generationen mit höchst unterschiedlichen Erfahrungen an. Und deshalb sollte man Streit nicht unter einen dicken Teppich kehren, um eine Scheinharmonie zu konstruieren. Eine Auseinandersetzung um der Sache willen – getragen von gegenseitigem Respekt und gegenseitiger Achtung – können Enkelkinder sehr wohl mitbekommen, ohne darunter zu leiden. Man sollte allerdings vermeiden, sie in den Streit hineinzuziehen.

Anders verhält es sich mit Auseinandersetzungen, hinter denen sich offene oder verdeckte Beziehungskonflikte verbergen, die auf eine latente Friedlosigkeit hindeuten und die sich wie ein roter Faden durch die Beziehung zwischen Eltern und Großeltern zieht. Gemeint ist eine Friedlosigkeit, die nicht an konkrete Anlässe und Situationen gebunden ist. Dabei ziehen die Erwachsenen die (Enkel-)Kinder mit in den Streit hinein. Oft buhlen Eltern und Großeltern geradezu um die Loyalität der Kinder, indem sie den jeweils anderen in seiner Würde herabsetzen. «Wenn ich mal etwas Schlimmes gemacht hab», so erzählt mir die 9-jährige Tabea, «dann heißt es gleich, das hab ich von Opa. Der war auch so!» – «Oder wenn ich mit Bauchweh von Oma komm», ergänzt Stephan, 8 Jahre, «dann hab ich das von Omas Kocherei. Die konnte noch nie kochen, sagt mein Vater!» – «Bei mir ist das umgekehrt», staunt der 10-jährige Patrick. «Oma und Opa reden nur schlecht von meinem Vater. Seit der in der Familie ist, so sagt meine Oma, geht's meiner Mama nicht gut.» – «Bei mir reden Oma und Opa nicht mehr mit meinen Eltern», beschreibt Björn, 8 Jahre, die häusliche Situation. «Wenn ich bei denen bin, sagen die mir, was ich Mama und Papa sagen soll. Andersherum ist es auch so. Und wehe, ich vergesse was auszurichten, dann bin ich der Böse.»

Beziehungskonflikte äußern sich in gehässigen und gemeinen Anklagen, sie streuen Misstrauen aus, verursachen Trauer und Schmerz. Sie weisen nicht selten auf ein verkrustet-verhärtetes Familiensystem hin, in dem Wachstum und Entwicklung nicht möglich sind: Da lässt die Großmutter den Sohn nicht wirklich los, weil die Schwiegertochter «ihren einzigen Liebling» entführt hat, und tritt in eine nervende Konkurrenz zu ihr. Da hat sich der Vater für seine Tochter einen anderen Schwiegersohn gewünscht als jenen «Nichtsnutz», den sie nun nach Hause bringt. Da setzen

Großeltern bei Enkelkindern ihren symbiotisch-nicht-loslassenden Erziehungsstil fort, unter dem Vater und Mutter schon gelitten haben. Da fühlen sich Großeltern wegen der Scheidung ihrer Tochter mitschuldig, überschütten sie und die Enkel mit Liebe und den einstigen Schwiegersohn mit Hass. Zeichnet sich die Eltern-Großeltern-Beziehung nicht durch eine ausgewogene Balance von Nähe und Distanz aus, besteht die Gefahr großelterlicher Einmischung, die die elterliche Erziehungsverantwortung untergräbt und brüchig macht. Für die Kinder resultiert eine Handlungsunsicherheit, sie geraten zwischen die Fronten, werden in wechselnde Koalitionen eingebunden und leiden unter damit einhergehenden Loyalitätskonflikten. Aber es wäre vereinfachend, nur den Großeltern die Schuld zu geben. Denn deren vehemente Einmischung ist nur ein Symptom dafür, dass es den Eltern (oder einem Partner) nicht gelungen ist oder unmöglich gemacht wurde, sich von der Herkunftsfamilie emotional abzugrenzen, um eine eigene Identität aufzubauen. Denn nur dann gelingt es, die ungewollte Einmischung klar zurückzuweisen. Aber das ist leichter gesagt als getan.

Patrick Bauer zog, als er heiratete, in das Elternhaus. «Meine Eltern unten, wir oben. Das ging damals nicht anders. Als die Kinder kamen, tauschten wir die Etagen.» Patrick Bauer wirkt nachdenklich. «Das war die beste Lösung. Aber auch ein Trugschluss.» Die beiden Kinder wuchsen heran, doch in der Beziehung der Bauers kriselte es. «Ich war im Betrieb meines Vaters beschäftigt und absolut abhängig von ihm. Eines Tages meinte meine Frau zu mir, sie habe drei Kinder. Ich würde von meinem Vater nicht wie ein Erwachsener behandelt, sondern wie ein abhängiges Kind. Aber ich sperrte mich gegen diese Einsicht. Ich wollte es nicht wahrhaben.» Manuela Bauer brach aus der Beziehung aus, suchte sich einen Geliebten. «Meine Eltern nannten mich einen Waschlappen. Ich wurde zum Gespött. Meine Eltern machten mich schlecht, schimpften meine Frau eine Hure. Da war's aus. Ich bin ausgeflippt. Ich hab meine Eltern angeschrien. Mir war klar: Meine Frau wollte mir ein Zeichen setzen. Es war ein schmerzhaftes Zeichen, aber ich hab es erkannt.» Bald darauf gingen die Bauers in eine Familienberatung. Dort versuchte man, klarere Strukturen sowohl in der partnerschaftlichen wie der elterlich-großelterlichen Beziehung aufzubauen: Der Mann suchte sich eine neue Arbeitsstelle, die Familie zog in ein gemietetes Haus um. Diese Schritte verschafften den Bauers die nötige Luft zum Atmen, wie Manuela Bauer erklärt: «Der Druck war weg!»

Reagierten die Großeltern zunächst mit beleidigtem Rückzug, so suchten sie mich nach einiger Zeit auf, um auch sich beraten zu lassen. «Wir kommen da nicht mehr weiter. Wenn man schmollend in der Ecke sitzt, bringt das auch nichts. Ich glaube, wir haben falsch reagiert.» Der Großvater berichtete, er habe sich beim Sohn und bei der Schwiegertochter entschuldigt. Schließlich gelang es den Großeltern, ihren Sohn loszulassen. Seitdem gestaltet sich die Beziehung der Erwachsenen untereinander übersichtlicher und klarer. In der Zwischenzeit hat der Großvater seinen Betrieb dem Sohn übergeben und sich komplett zurückgezogen. «Ich fühle mich befreit», meint der Sohn heute. Ihm ginge es ähnlich, fügt der Großvater hinzu. Und sie wäre nicht mehr die Fleisch fressende Mimose, ergänzt die Großmutter. «Aber muss denn immer alles so kompliziert sein?»

Das sei ein anschauliches Beispiel, meint Vera Martin, Mutter zweier Kinder. «Ich wünschte, meine beiden Kinder hätten solch einen Großvater. Ich mag ihnen meinen Vater schon nicht mehr zumuten.» Was das heißt, frage ich. «Ach wissen Sie, der ist verbittert, hat kein Verständnis, zieht bloß über die Kinder von heute her. Sein Lieblingsspruch lautet: ‹Das hätten wir uns früher mal erlauben sollen.›» Welche Beziehung ihre Kinder zu den Schwiegereltern hätten, hake ich nach. Sie lächelt spontan: «Die sind das genaue Gegenteil. Dabei haben's die viel schlechter gehabt. Die mussten viel durchmachen. Mein Schwiegervater war als junger Mann lange im Krieg, kam krank zurück. Dem ist nichts in die Wiege gefallen. Aber der ist jetzt irgendwie zufrieden, wirkt abgeklärt, ist mit sich im Reinen.» Sie macht eine Pause, sieht mich an: «So anders können Großeltern sein!»

Sowenig wie es *das* Kind gibt, so wenig gibt es *den* Opa oder *die* Oma. Wobei zu klären wäre, aus welchem Grund Großeltern so verschieden werden, leben, handeln oder Beziehungen zu ihren Enkeln aufbauen. «Wissen Sie», erklärt mir Manfred Schneider, Großvater dreier Enkelkinder, «es ist ja gar nicht so einfach, sich als Opa hinzustellen. Opas verbindet man mit Altsein. Sehen Sie mich an. Ich bin 56 und habe viele Jahre auf dem Buckel. Da gab's ja nicht nur Siege. Denn wenn man darüber nachdenkt, was man versäumt hat, dann kann man schon manchmal auf die Nachkommen sauer werden, denen alles in den Schoß fällt und die das Leben noch vor sich haben.»

Dieser Großvater umschreibt eine wichtige Entwicklungsaufgabe, die, wird sie angegangen und bewältigt, ein gelassenes Verhältnis zu nachfolgenden Generationen nach sich ziehen kann: Großeltern müssen anfangen, sich mit dem eigenen Leben auseinander zu setzen, darüber nachdenken, was ihnen gelungen und geglückt, aber auch, was verpasst und ihnen vielleicht nicht mehr möglich ist. Jene Großeltern, die die eigene Biographie akzeptieren, die beginnen, sich in Erfolgen und Niederlagen, in Glück und Trauer anzunehmen, entwickeln ein Gefühl der Zufriedenheit und Gelassenheit. Eine ausgewogene Bilanz kann ein verlässliches Fundament darstellen, um eine Beziehung zu den Enkeln aufzubauen, die auch Krisen und Konflikte, Zumutungen und unterschiedliche Meinungen aushält.

Großelterliches Konkurrenzgebaren ist dann zu beobachten, wenn die Lebensbilanz negativ ausfällt, wenn das Soll an Niederlagen das Haben an Glücksmomenten übertrifft. Wer seine Lebensbilanz nicht akzeptiert, für den kann keine Gegenwart existieren, die man gemeinsam mit den Enkeln genießt. Oder die

Enkel werden zu Projektionsflächen nicht gelebter großelterlicher Wünsche, die diese zu erfüllen haben. Solche Übertragung von Aufgaben an die nachfolgende Generation belastet das Großeltern-Enkel-Verhältnis, macht es unfreundlich und konfliktträchtig. Überziehen Großeltern mithin ihre Rolle als Nebeneltern, wenden sich die Enkel nicht selten ab. Mein Wunsch an die Großeltern: Nur wenn Sie sich als ganze Personen mit all den gelebten wie nicht gelebten Anteilen annehmen, können Sie auch Ihre Enkel als Persönlichkeiten annehmen.

Ich frage Paul, 16, was ihn am Großvater fasziniere. Er denkt kurz nach: «Opa erzählt gut. Es ist spannend. Der kaut einem kein Ohr ab. Der hat so viel erlebt.» Ob er mir ein Beispiel geben könne, will ich wissen. «Opa hat die Klasse in der Schule wiederholt, eine Lehre abgebrochen, weil er merkte, ein anderer Job ist besser geeignet. Dann hat er sich hochgearbeitet. Er hat sich nicht alles gefallen lassen.» – «Aber das ist heute viel schwerer», unterbricht ihn der Vater. «Paul, wenn du keine gute Note hast, dann wirst du nichts. Das vergisst Opa, wenn er von früher erzählt. Und meinst du, dein Urgroßvater, den du nicht mehr kanntest, war erfreut, wenn Opa mit 'ner schlechten Note nach Hause kam? Der hat etwas hinter die Ohren bekommen!»

«Oh, Papa!», kontert Paul. «Du redest wie ein alter Mann. Meinst du, ich find alles gut, was Opa erzählt? Oder meinst du, ich glaub ihm alles? Aber ich find's spannend, was er erzählt. Das ist interessanter als jeder Geschichtsunterricht.» Großeltern verkörpern Geschichte, und dies nicht allein dadurch, indem sie Geschichten von früher erzählen. Großeltern erhalten auch aus anderen Gründen die Anerkennung der Enkelgeneration. «Wenn ich so sehe, wie Oma ihre Kinder aufgezogen hat, ich meine, so ganz einfache Sachen», kommentiert die 16-jährige Barbara, «die musste Windeln waschen, hatte 'nen Kohleherd, keine Geschirrspülmaschine – das kann ich mir heute gar nicht vorstellen.»

Großeltern sind auch der Inbegriff davon, wie man Schwierigkeiten überwinden kann, wie man Krisen als Chance begreift, sich weiterzuentwickeln. Natürlich hängt das davon ab, ob man zu seiner Lebensbilanz steht oder nach Schuldigen dafür sucht, warum der große Wurf nicht gelungen ist. Dann bilden sich Sturheit und Verknöcherung aus. Solche Großeltern sind keine Partner oder Lehrer, von denen man etwas für das eigene Leben übernehmen kann. Sie bringen sich um die Ernte ihres Lebens. Für Heranwachsende können Großeltern ein wichtiges Lebensprinzip verkörpern: Die Wirklichkeit ist eine ständige Abfolge von Brüchen und Herausforderungen, ohne dass dabei das Gefühl von Kontinuität auf der Strecke bleiben muss. Aus der Bewältigung von Krisen, in denen man das Auf und Ab des Lebens durchgestanden und durchlitten hat, erwerben Großeltern bei ihren Enkeln Anerkennung und erringen ein Stück Unsterblichkeit. Wenn Großeltern ihren Enkeln vermitteln, vor Krisen nicht davonzulaufen, sondern sie als Herausforderung zu sehen, dann ist Vergangenheit im Heute und in der Zukunft aufgehoben, dann kann sich eine gelassen-partnerschaftliche Großeltern-Enkel-Beziehung entwickeln, die nicht in Konkurrenz zu den Eltern treten muss.

8. Eltern sind nicht einer Meinung

Alfred Hubert kocht seinen Kindern am Wochenende gerne das Mittagessen – meistens Spaghetti Bolognese. «Laut, lustig und kreativ geht es dann zu, und die Kinder helfen mit und haben ihren Spaß.» – «Ich finde das alles gut», sagt Alfreds Frau, «aber hinterher sehen die Küche und die Essecke wie ein Schlachtfeld aus.» Sie sieht mich an: «Und wer macht alles sauber?» Es folgt eine kurze Pause, bevor sie selbst die Antwort gibt: «Ich!» Frau Hubert gerät in Rage: «Mein Mann meint, er hätte dann seine Schuldigkeit getan, und geht. Und ich steh mit dem Dreck allein da!»

So lustvoll es für diese Kinder sein mag, gemeinsam mit dem Vater zu kochen, so wichtig ist es, dass alle Beteiligten die Verantwortung nicht allein für den angenehmen Teil des Essgelages tragen, sondern auch die mühsamen Aufräumarbeiten und Säuberungsaktionen übernehmen. «Aber», meint Frau Hubert, «ich räum dann doch schon lieber selbst auf. Mein Mann macht alles nur so husch, husch.» Hier wird eine Inkonsequenz sichtbar, die es dem Vater wie den Kindern erleichtert, so weiterzumachen wie bisher. Die Mutter überträgt den anderen Familienmitgliedern nicht die Verantwortung. Sie nimmt sie ihnen ab, macht sie damit unselbständig, während sie sich gleichzeitig gefühls- und arbeitsmäßig überfordert.

Eva Bartels hatte sich mit ihrem Mann darauf geeinigt, dass er für die Ordnung im Kinderzimmer verantwortlich sei. «Ich gerate deshalb ständig mit den beiden, mit meiner Tochter und meinem Mann, aneinander. Mein Mann ist beim Aufräumen wesentlich gelassener. Das gebe ich zu.» Die abgesprochene Arbeitsteilung funktioniert. Und die gereizte Atmosphäre, die sich am chaotischen Kinderzimmer zwischen Mutter und Tochter entzündet, entspannt sich zunehmend. Dafür braut sich ein anderes Gewitter zusammen. Frau Bartels hat einen anderen Ordnungsstandard als ihr Mann. «Ich bin großzügiger», sagt er, «aber es sieht auch bei mir aufgeräumt aus.» Als die Familie diese Situation auf einem Seminar schildert, versuchen wir einen Weg zu finden, wie die Mutter die Verantwortung ganz an ihren Mann abtreten kann. Mit der Äußerung «Wenn ich's nicht seh, ist's mir auch egal» hat sie eine Lösung entwickelt. Ich sage ihr: «Dann gehen Sie nicht hinein!» Sie lacht mich an: «Oder ich schau nicht mehr so genau hin!» In den nächsten Wochen setzt sie ihre Absicht in die Tat um.

«Bei uns geht es um viel Grundsätzlicheres», sagt Angela Schneider, Mutter der 15-jährigen Sandra. «Bei uns gibt es Probleme mit Sandras Freundinnen. Die passen mir auch nicht. Die sind schon ein bisschen ausgeflippt ...» – «Du untertreibst», greift Hubertus Schneider ein, «du untertreibst absolut. Wir waren früher ausgeflippt. Aber jetzt, Ringe in der Unterlippe, an den Augenbrauen, durch die Zunge. Ich möchte nicht wissen, wo die noch Ringe haben! Die sind tätowiert, die rauchen, die kiffen!» – «Hubertus, du hast dich nie mit ihnen unterhalten. Du hast eine Menge Vorurteile. Und wenn die da sind, schaltest du gleich auf stur und rennst aus dem Zimmer.» – «Meinst du, ich will mich auf eine Stufe mit denen stellen? Mit denen?» Er macht eine wegwerfende Handbewegung. «Mit denen nicht! Du wirst schon sehen, wenn Sandra mit 'ner Ratte an der Schulter nach Hause kommt!» – «Ach, Hubertus!» – «Du hast immer nur Verständnis für sie gehabt! Sandra hier, Sandra dort. Und ich war der Buhmann.» Er redet sich in Rage. «Ach, das stimmt doch gar nicht», wirft sie ein. «Was, das stimmt nicht? Hör bloß auf! Ich hab mich doch nur da rausgehalten, weil es nicht ständig Zoff geben sollte. Und dass sie nun nicht mehr weiß, woran sie ist, oder das ausnutzt, das ist mir klar.»

Sandras Mutter hat einen wichtigen Gesichtspunkt angesprochen, wenn es darum geht, Chancen und Probleme unterschiedlicher Erziehungsstile zu bewerten. In elterlichen Auseinandersetzungen darüber steht schnell die Frage im Mittelpunkt, welche Haltung denn die «allein richtige» sei. Oder wer «Recht hat». Man streitet sich und übersieht dabei: Kinder und Jugendliche können mit unterschiedlichen Auffassungen von Erziehung sehr wohl umgehen, es ist sogar eine zentrale Entwicklungsaufgabe, dass Heranwachsende erfahren, sich in verschiedenen Lebenssituationen Menschen gegenüberzusehen, die unterschiedliche Einstellungen haben. So lernen Kinder im Kindergarten, Hort oder in der Schule, dass manches von dem, was zu Hause möglich ist, dort nicht läuft. Oder sie erfahren: Der Kontakt zu den Eltern ist ein anderer als zur Kindergärtnerin oder zum Lehrer, der zu den Großeltern ein anderer als der zu Bekannten. Das Kind vergleicht Erziehungsstile, es bewertet sie. Die Begegnung mit differierenden Stilen macht Heranwachsende lebenstüchtig, sie bildet Selbstbewusstsein und -vertrauen aus, sich in unterschiedlichen Situationen zurechtzufinden. Dies trifft auch dann zu, wenn es um Unterschiede in den Erziehungsauffassungen von Vater und Mutter geht.

Aber Heranwachsende müssen sicher sein, an wen sie sich in bestimmten Situationen zu halten haben. Sonst können sie sich nicht orientieren. Es muss ihnen klar sein, wer die Verantwortung in der konkreten Alltagssituation trägt.

Das stellt das entscheidende Problem bei Sandras Eltern dar. Die Mutter steht zwischen allen Fronten, versucht zwischen ihrer Tochter und ihrem Mann, ihren kulturellen Wertvorstellungen und Sandras Subkultur zu vermitteln. Das lasse ihr Mann eine Zeit lang zu, aber «wenn ihm der Kragen platzt, schreit er rum. Sie darf nicht mal eine lila Strähne ins Haar färben. Und wenn sie sich mal ein bisschen schminkt, dann zwingt er sie, sich zu waschen, und droht ihr mit Discoverbot oder Hausarrest.» Sandras Eltern sind nicht nur verschiedener Auffassung, sie sind sich völlig *uneinig* – nicht nur was die Erziehung von Sandra betrifft. Heranwachsende nutzen diese Uneinigkeit aus und spielen die Beteiligten gegeneinander aus. Um nicht missverstanden zu werden: Kinder können elterliche Meinungsverschiedenheiten aushalten, wenn ihnen die Positionen klar sind und sie versöhnliche Konfliktlösungen erleben. Ist man mit der Erziehungshaltung des Partners oder der Partnerin nicht einverstanden, kann man das in einer ruhigen Minute im Nachhinein diskutieren. Auseinandersetzungen in der konkreten Situation führen meist nur zu Schuldzuweisungen oder ergebnislosen Rechtfertigungen.

Unterschiedliche Einstellungen dürfen nicht dazu missbraucht werden, sich beim Heranwachsenden einzuschmeicheln – «Bei mir darfst du mehr als …» – oder eine andere Person gefühlsmäßig herabzusetzen – «Ich bin netter zu dir als …». Dies bringt Kinder in große Loyalitätskonflikte. Unterschiedliche Einstellungen sollten nicht eingesetzt werden, sich als der bessere Erzieher, der strengere, der konsequentere etc. gegenüber dem Partner oder der Partnerin darzustellen. Das ist das Problem von Sandras Vater, der versucht, Macht über seine Tochter und seine Frau auszuüben. Die Folge sind nervige Auseinandersetzungen auf ganz verschiedenen Ebenen. Sandras Mutter hat dies so ausgedrückt: «Aus jeder Kleinigkeit wird bei uns sofort ein großer Streit. Und eine wirkliche Lösung ist nicht möglich.» Sandras Vater geht es mithin nicht darum, unterschiedliche Stile auszuhalten, es geht ihm vielmehr um Besserwisserei, Belehrung und Dominanz. Die daraus resultierenden Machtkämpfe verschlechtern das Familienklima.

Unterschiedliche Erziehungsstile können nur auf der Grundlage von gemeinsamen verbindlichen Grundprinzipien in der Erziehung (z. B. Partnerschaftlichkeit, klare Grenzen, Festigkeit, Achtung, ein angemessenes Verhältnis von Nähe und Distanz) umgesetzt werden. Praktiziert der Vater jedoch eine autokratische, wenig partnerschaftliche Erziehung, ist die Mutter dagegen am Kind orientiert, handelt sie konsequent, dann können entsprechende Differenzen dazu führen, dass Heranwachsende ihre Eltern gegeneinander ausspielen.

Während das Nebeneinander von unterschiedlichen Erziehungsstilen durchaus produktiv sein kann, wenn sich alle Beteiligten über die vereinbarten Spielregeln im Klaren sind und sich daran halten, deutet elterliche *Uneinigkeit* in der Kindererziehung nicht selten auf ernsthafte partnerschaftliche Probleme und differierende Einstellungen zum Leben hin. Eine derartige Uneinigkeit ist meist schon frühzeitig spürbar, wird aber – nicht selten von den Müttern – unter dem Deckel gehalten. So wird das Problem nicht sichtbar, gleichwohl spürt man es atmosphärisch. Zwar kann Uneinigkeit aufbrechen, wenn die Kinder jünger sind, häufig erkennt man sie jedoch erst, wenn die Kinder in die Pubertät kommen. Dann sind es die Väter, die die Erziehungskompetenzen der Mütter anzweifeln, zu ihnen in Konkurrenz und Rivalität treten. Ich halte die Uneinigkeit, die in der Kindererziehung herrscht, nicht selten für einen wenig gekonnten Versuch der Väter, Heranwachsende an das Haus zu binden, um sich nicht mit der Neugestaltung der eigenen Partnerschaft auseinander setzen zu müssen. Auffällig ist:

- Viele Väter realisieren die bevorstehende Trennung von ihren Heranwachsenden sehr spät und schätzen die gefühlsmäßigen Folgen der Abnabelung nur selten in ihrer ganzen Tragweite ein.
- Manche Väter haben sich lange Zeit aus der Erziehung herausgehalten. Sie haben sich damit auf eine imaginäre Zukunft hin vertröstet («Wenn die Kinder mal älter sind, dann kümmere

ich mich mehr um sie!»). Aber in dem Moment, wo sie vielleicht Zeit hätten, da ziehen die Heranwachsenden aus.

- Väter schätzen die Elternschaft häufig positiver ein als die partnerschaftlichen Beziehungen. Deshalb halten sie manchmal stark an ihrer Vaterrolle fest und damit die Kinder im Haus. Dabei scheuen sie vor Streit nicht zurück, nehmen einen unproduktiven Machtkampf in Kauf.

Teil III

Gelassenheit in allen Lebenslagen

9. Die Zeitnot der Väter

«Ich wollte alles anders machen als mein Vater», erzählt Ronald Schäfer, Vater von zwei Kindern, «wollte nicht so werden wie er. Einfach mehr Zeit haben, mich mehr um die Kinder kümmern.» Er zuckt mit den Schultern. «Gut, ich war bei der Geburt mit dabei, habe mich in den ersten Wochen schon sehr bemüht. Danach hat sich alles eingeschliffen. Meine Frau ist zu Hause geblieben. Ich musste mich um die Arbeit kümmern. Geändert hat sich nichts. Ich glaube, ich bin wie mein Vater … nur noch schlimmer. Manchmal komme ich mir wie ein Fremdling, wie ein Eindringling in meiner Familie vor.»

Ein anderer Vater ergänzt: «Ich mag's kaum sagen. Ich mag meine drei Kinder, bin gerne mit ihnen zusammen. Aber ich finde meinen Beruf auch toll, dort tanke ich Kraft, und deshalb kann ich mich auch den Kindern so widmen.» – «Aber», wirft Joachim Wild, Vater zweier pubertierender Töchter, vehement ein, «du bist sowieso der letzte Trottel. Wenn du Kinder erziehst, schauen dich alle, schauen dich deine Arbeitskollegen verdammt komisch an. Irgendwo stehst du mit anderen in Konkurrenz, weil du denen ein schlechtes Gewissen machst. Nun arbeitet meine Frau auch. Wir teilen uns die Kindererziehung, aber auch das gibt Stress. Mit der Frau und den Kindern. Wenn ich dann etwas mache, was meiner Frau nicht passt, zischt sie: ‹Wie dein Vater früher!› Dann fällt mir nichts mehr ein.»

Diese Ausschnitte aus einer Gesprächsrunde umschreiben Probleme, die der Volksmund plastisch zusammenfasst: Vater werden ist nicht schwer, Vater sein dagegen sehr. «Väterlichkeit» – so ein Begriff des Familientherapeuten Bert Hellinger – im Alltag zu leben heißt: Widersprüche zu erkennen und auszuhalten. Obgleich Männer häufig darauf verweisen, wie bedeutsam die Familie für ihre Identitätsfindung ist, so hat der Beruf für viele doch absolute Priorität. Zudem ist die Arbeitswelt stark auf Männer zugeschnitten. Das macht es Frauen wiederum schwer, eigene berufliche Bedürfnisse zu verwirklichen. Die fehlende Vereinbarkeit von Arbeits- und Familienleben endet für manche Väter in einem Teufelskreis: Weil sie sich zu Hause ausgeschlossen fühlen oder selber ausgrenzen, fliehen sie in den Beruf. Damit vergrößert sich der Abstand zur Familie. Verunsicherungen, Gefühle von Wert- und Hilflosigkeit und Eifersucht auf die innige Mutter-Kind-Beziehung sind nicht selten die Folgen.

Gleichwohl sind viele Väter doch bereit, Erziehungsverantwortung für ihr Kind zu übernehmen. Das bringt widersprüchliche Erfahrungen mit sich, denn solch ein Verhalten wird bis heute auch kritisch, ja sogar misstrauisch beäugt – von Kollegen und Freunden, Nachbarn und Geschlechtsgenossen. Und auch manche Mutter empfindet die väterliche Umorientierung als einen Eingriff in den eigenen Wirkungskreis, empfindet den «neuen Mann» als Konkurrenten. Die verstärkte Einbeziehung des Vaters in die Familienerziehung führt nicht *automatisch* zu besserer Arbeitsteilung und mehr Harmonie, sondern kann mit Stress und Auseinandersetzung verbunden sein. Absprachen und verlässliche Arrangements zwischen Mann und Frau sind dann notwendiger denn je. Erfährt der Mann keine Bestätigung seiner Veränderung – Hellinger spricht von einer «inneren Würdigung» –, ist ein Rückfall in altbewährte Verhaltensmuster nicht auszuschließen. Der Mann kehrt der Familie den Rücken, flieht aus der Erziehungsverantwortung zurück in den Beruf, weil er dort in seinen Fähigkeiten angenommen wird und schneller Bestätigung findet.

Roswitha Berger, Mutter von drei Kindern, hat ihren Konflikt so beschrieben: Vom Kopf her wisse sie das alles «mit den Absprachen und so». Das sei ihr schon alles klar. «Aber die Praxis», und während sie das sagt, schaut sie verzweifelt zur Decke, «die Praxis, bevor sich wirklich etwas verändert, diese Praxis ist mühsam. Das fängt bei unseren unterschiedlichen Sauberkeitsprinzipien an, geht weiter beim Ordnungsempfinden, und dann ist mein Mann in einigen Dingen noch konsequenter als ich und in anderen Dingen wieder nicht.»

Und dann komme noch eine gehörige Portion Eifersucht hinzu. Aber sich das einzugestehen, das wäre wirklich schwierig. «Meinem Mann fällt es leicht, die Kinder ins Bett zu bringen. Bei mir machen sie Theater, bei ihm spuren sie. Das regt mich tierisch auf.» Sie habe einige Zeit gebraucht, das zu akzeptieren. Was ihr geholfen habe, frage ich. «Ich habe mir gesagt, nur weil er das besser kann, erzieht er ja nicht insgesamt kompetenter.» Sie lacht: «Das Wichtigste aber für mich war die Einsicht: Wenn er die Kinder zu Bett bringt, habe ich Zeit für mich, und danach haben wir Zeit für uns. Keiner ist dann gestresst.»

«Aber das ist schon ein langer Prozess gewesen», fährt Reimund Berger, der Vater, fort. Er wolle gar nicht verkennen, dass er am Anfang, nur weil bei ihm manches funktioniert habe, triumphiert habe. «Den Beruf packst du, die Erziehung auch. Das ständige Gejammere meiner Frau über die Kinder konnte ich nicht mehr hören. Die baut Probleme auf, wo keine sind, habe ich mir gedacht.» Er schmunzelt: «Tja, dann habe ich meinen Gang nach Canossa doch antreten müssen.»

Ich bin neugierig, hake nach. «Meine Frau ist für eine Woche in Urlaub gefahren. Sie wollte raus aus dem Stress. Und ich hab die Kindererziehung ganz übernommen. Und das war eben nicht nur das alltägliche Gutenachtritual. Das war alles. Dieser ganze elende Kleinkram, diese ständigen Fragen, die vollgeschissenen Windeln, das Gekleckere, dies und das. Da war Chaos angesagt!»

Schon am zweiten Tag habe er seiner Frau Abbitte geleistet, erzählt er. «Am dritten Tag kam meine Mutter. Ich hab's einfach nicht mehr ausgehalten.» Roswitha Berger lacht, als sie das hört. «Ich wär auf Knien nach Mallorca gerutscht, nur um sie zurückzuholen», fährt der Mann fort. «Dann wärst du im Mittelmeer abgesoffen», lächelt seine Frau. Seine Lektion habe er gelernt, meint er nachdenklich. «Und die lautet?», will ich wissen. «Sich bloß nicht als Alleskönner aufspielen, nur weil man bestimmte Situationen besser managen kann. Und anerkennen: Derjenige, der Abstand hat, kann manches einfach gelassener sehen!» – «Was heißt das für Sie?» – «Sich gegenseitig in seinen Fähigkeiten anzuerkennen und sich kinderfreie Zeiten zuzugestehen!»

Diese Situation beweist: Um zu einer von gegenseitigem Respekt und Akzeptanz getragenen Erziehungshaltung zu kommen, sind praktische Absprachen zwischen Vater und Mutter unverzichtbar. Für Väter gilt dabei:

- Handeln und das Umsetzen von Ideen sind wichtiger als ständiges Nachdenken darüber, was zu tun ist. Sich nur allgemein vorzunehmen, zukünftig mehr Zeit für die Kinder zu haben, ist genauso abstrakt wie der Vorsatz, den Kindern jeden Abend eine Geschichte vorzulesen. Praktikabler und ermutigender kann es sein, zum Beispiel jeden zweiten Abend oder mindestens einmal pro Woche – je nach Arbeit und Alltagssituation – fünfzehn Minuten früher nach Hause zu fahren, um mit den Kindern ein Spiel- oder Geschichtenritual zu entwickeln und auch durchzuhalten.
- Väter sollten sich nicht überfordern! Sie sollten nicht aus dem einen Extrem (z. B. Flucht in den Beruf) in das andere Extrem (omnipotenter, alles könnender Vollzeitvater sein) verfallen. Perfektionismus führt rasch zur Entmutigung!
- Kleine Schritte, die praktikabel sind, erweisen sich als richtig. Nur das, was funktioniert, ermutigt, den begonnenen Weg fortzusetzen. Ständige Misserfolge entmutigen dagegen, füh-

ren dazu, in gewohnte Bahnen zurückzufallen. Deshalb: Verändern Sie nicht alles auf einmal!

Hinter dem Perfektionismus vieler Väter steckt nicht selten eine unverarbeitete Auseinandersetzung mit dem eigenen Vater: Väter können Zeitdefizite, unter denen sie einst gelitten, können Wärme, die sie nicht bekommen haben, können Wunden, die ihnen zugefügt wurden, nicht an den eigenen Kindern ungeschehen machen. Kinder brauchen bedingungslose Zuwendung und Annahme – jedoch keine, die ihre Kraft aus einer Quelle namens Wiedergutmachung speist. Sonst besteht die Gefahr, dass sich eine liebevoll-konsequente Vater-Kind-Beziehung in eine therapeutische Beziehungskiste verwandelt. Um sich der Beziehung zum eigenen Kind bewusst zu werden, ist eine innere Auseinandersetzung mit dem eigenen Vater notwendig – und dies nicht allein unter negativen Gesichtspunkten: Welche Eigenschaften, die ich als schmerzlich erlebt habe, möchte ich nicht wiederholen? Doch genauso bedeutsam ist es, sich jener positiven väterlichen Eigenschaften bewusst zu werden, die es wert sind, an die eigenen Kinder weitergegeben zu werden. So stellen Sie sicher, nicht von einem Extrem in ein anderes zu fallen: Nur weil man in der eigenen Kindheit väterliche Dominanz als das ungehemmte Ausleben von Macht erlebt hat, kann die Schlussfolgerung nicht lauten, in einen unreflektierten Laisser-faire-Stil gegenüber dem eigenen Kind zu verfallen.

«Ich bemühe mich», so Gerhard Michel, Vater von Isabel und Jonas, 5 und 7 Jahre alt, «viel Zeit mit meinen Kindern zu verbringen. Aber nun bin ich mir plötzlich unsicher, ob das nun das Richtige ist?» Wie er das meine, will ich wissen. «Es gibt häufiger Streit», berichtet er, «weil ich nicht bei den Kindern, sondern in Gedanken bei der Arbeit bin. Ich glaube, das spüren sie irgendwie.» – «Sie wollen so viel Zeit wie möglich mit Ihren Kindern verbringen?» Er antwortet spontan: «Auf alle Fälle!» Er sieht mich ernst an: «Unbedingt! Wissen Sie, ich habe darunter gelitten, dass mein Vater so wenig Zeit für mich hatte. Meine Kinder sollen es da besser haben!»

«Wie man's macht, macht man's verkehrt», lacht Johannes Bach, Vater dreier nun schon älterer Kinder etwas verzweifelt auf. «Mir ging's ähnlich. Bloß nicht wie der Alte früher werden. Seinen Fehler habe ich nicht gemacht, dafür einen anderen! Mein Jüngster, der Jakob, hat mich drauf gebracht.» Jakob sei damals 6 Jahre gewesen. Johannes Bach hat sich unter Druck gesetzt, um bei seinen Kindern zu sein. Häufig sei er abgespannt von der Arbeit gekommen. «Ich war nervös. Das hat sich auf die Kinder übertragen. Die wurden auch unruhiger. So gab's Stress und noch mehr Konflikte, obgleich wir uns auf unsere Gemeinsamkeit freuten.» Er habe sich mit seiner Frau über die unerklärlichen Auseinandersetzungen unterhalten. Jakob habe still dabeigesessen, dann sehr bestimmt gesagt: «Papa, wenn du nach Hause kommst, schlaf doch erst mal, und dann spielst du mit uns. Jetzt spielst du sowieso nicht richtig mit uns. Du spielst nur, weil du ein Buch über gute Papas gelesen hast.» – «Tja», resümiert Johannes, «mein Sohn hat mir die Augen geöffnet. Seit einiger Zeit ruhe ich mich erst aus und kann mich danach auf die Kinder besser einlassen.»

Kinder sind genaue Beobachter ihrer Umwelt. Sie haben ein Gespür für Aufrichtigkeit und Ehrlichkeit. Sie erkennen, ob dem erzieherischen Handeln Authentizität zugrunde liegt oder ob Väter – aus welchen Gründen auch immer – eine pädagogische Show abziehen. Kinder wünschen sich ungeteilte Aufmerksamkeit. Sie sehen im Vater einen wichtigen Partner, der mütterliche Erziehungseinflüsse ergänzen, begleiten und – wo erforderlich – auch kompensieren kann. Doch zugleich können Kinder großzügig sein und Absolution erteilen, falls der väterliche Zeitkuchen geringer ausfällt, als sie es hoffen. Nur Aufrichtigkeit müssen sie spüren. Sie wollen sich ernst genommen fühlen. Dann braucht es keine Torte zu sein, dann tut es auch ein trockener Sandkuchen, um den Hunger nach väterlicher Zuwendung zu befriedigen. Es kommt weniger darauf an, wie viel Zeit mit dem Kind verbracht wird, sondern darauf, wie intensiv man sich ihm widmet. Weniger ist mehr! Kinder haben ein feines Gespür dafür, ob sich der Vater intensiv auf das Kind eingelassen hat oder ob er in Gedanken woanders ist. Sendet der Vater Doppelbotschaften aus – zum Beispiel bei dem als Pflicht empfundenen Spiel, das von Unkonzentriertheit, Nervosität, Angespanntheit begleitet ist –, dann endet das Zusammensein häufig in Zank und Streit. Mit Doppelbotschaften können Kinder nicht oder nur schwer umgehen. Sie treten in einen Machtkampf ein, um zu zeigen, wie störend sie solche Beziehungsmuster empfinden.

«Richtig» mit dem Kind verbrachte Zeit zeichnet sich durch Wärme und Zuneigung, Nähe und Anteilnahme aus. Zwei Gesichtspunkte gilt es dabei zu bedenken: Es gibt Tagesabläufe und Berufe, die einer Vater-Kind-Beziehung nur wenig Zeit lassen. Aber auch kürzere Zeitabschnitte können entspannt gestaltet werden. Aus der Sicht der Kinder ist es bedeutsam, dass diese das Gefühl haben, ihr Vater sei bei der Sache. Kinder wollen Vätern erzählen, was sie am Tage erlebt haben. Und Kinder wollen wissen, wie der Tag des Vaters war. Kinder sind gute Zuhörer. Als konstruktiv hat sich die Einführung von Ritualen erwiesen. Das kann das Gutenachtritual sein, in dem man eine Geschichte vorliest, mit dem Kind singt oder noch herumtobt, genauso wie das Frühstück, der gemeinsame Weg in Kindergarten und Schule oder eine Freizeitaktivität am Wochenende.

Festgelegte Rituale haben den ungemeinen Vorteil, das Zusammensein nicht ständig ausdiskutieren und neu festlegen zu müssen. Das erspart Stress und bietet den Kindern Sicherheit, dass der Vater sie nicht vergessen hat. Und umgekehrt gilt: Für den Vater sind solche Termine Fixpunkte wie andere auch – und werden nicht gerade noch in den Terminkalender gequetscht. Hat man allerdings Zeitrituale abgesprochen, dann ist es wichtig, diese einzuhalten. Ständige Ausnahmen unterhöhlen ihren Charakter. Rituale bringen Normalität mit sich, können helfen, den Erwartungsdruck zu minimieren, den sich Väter wie Kinder auferlegen.

Da sind die Väter, die abgespannt nach Hause kommen, da sind die Kinder, die sich auf den Vater freuen und ihn sofort mit Beschlag belegen. Und so wird aus manchem Zusammentreffen, dem man mit Vorfreude entgegengesehen hat, ein nervender Zusammenstoß, an dessen Ende Enttäuschung, Stress und das Gefühl stehen, sich gegenseitig auf den Wecker zu gehen. Eine Überlegung für Väter könnte sein:

- Geben Sie sich Zeit, wenn Sie von der Arbeit zur Familie kommen. Manche brauchen Zeit, sich auf das familiäre Miteinander einzulassen. Überfordern Sie sich nicht! Sie haben das Recht auf eine Übergangszeit. Sprechen Sie das mit Ihren Kindern ab (z. B. 20 Minuten nicht gestört zu werden), um sich danach den Kindern ganz zu widmen.
- Eine andere Möglichkeit ist, sich zunächst auf ein kurzes Spiel einzulassen, um danach die Auszeit für die Entspannung zu nehmen.

Kinder lassen sich auf solche Abmachungen gerne ein. Auch für sie ist ein ausgeruht-entspannter Vater angenehmer als ein nervös-gestresster. Nur: Diese Abmachungen müssen Väter unbedingt einhalten!

«Das hört sich gut an», entgegnet Maria Weber, Mutter zweier Kinder. «Meinem Mann ist das theoretisch klar. Aber in der Praxis sieht das doch anders aus. Mal kommt er schon um fünf, dann um acht abends, mal redet er gar davon, schon um vier zu kommen.» Sie sieht mich genervt an: «Aber was ist», sie macht eine Pause, «er rauscht dann um sieben abgeschlafft durch die Haustür und ist zu nichts zu gebrauchen! Also, da mach ich doch lieber alles gleich allein!»

Das mache sie sowieso, ergänzt Manuela Weber, Mutter des 2½-jährigen Fabian, ihr Mann sei «Überzeugungstäter»! Was sie damit meine, bohre ich nach. «Der ist überzeugt, Väter seien erst später für die Erziehung wichtig. In den ersten Jahren müssten die Mütter ran. Das sei nun mal so von der Natur vorgesehen! Wenn ich dann davon lese, vom neuen Mann und so, der sich um die Erziehung und den Haushalt kümmert. Von wegen!» Sie macht eine wegwerfende Handbewegung. Ihr Mann habe sich zweimal aktiv um Fabian gekümmert: «Bei der Zeugung, und bei der Geburt hat er auch mitgepresst. Das war's!» Als einige Mütter protestieren, relativiert sie: «Gut, wenn ich am Mittwochabend zum Yoga gehe, passt er auf Fabian auf. Aber das ist es dann wirklich!»

«Typisch! Das ist typisch!», entrüstet sich Karin Albrecht, Mutter zweier pubertierender Kinder: «Mein Mann hat sich mehr oder minder aus der Erziehung rausgehalten, so nach dem Motto: Du machst das schon. Und ich blöde Kuh hab's auch akzeptiert. Nun kommen die Kinder in die Pubertät, es entstehen ganz normale Schwierigkeiten.» Sie denkt nach: «Zum Beispiel mit den Schulleistungen. Oder die Jüngere hat sich einen Ring ins Ohr gemacht. Der Ältere hat superblonde Haare. Neulich hatte er einen über den Durst getrunken. Und nun greift der Herr Gemahl wie Götz von Berlichingen mit der eisernen Faust ein. Aber wie!» Sie sieht mich wütend an: «Aber wie, kann ich Ihnen sagen! Meint er doch neulich zu mir: ‹Karin, du hast lange genug experimentiert. Du hast zwölf Jahre Zeit gehabt. Jetzt übernehme ich das Kommando. Die Kinder haben einen Lachanfall gekriegt, als sie das gehört haben. Nun klappt erst recht nichts. Und wer ist schuld an allem?» Sie macht eine bedeutungsvolle Pause, zeigt auf sich: «Ich! Weil der Ärger mit den Kindern das Resultat meiner verfehlten Erziehung ist!»

Auch wenn verschiedene Untersuchungen einen Trend zu einem veränderten Rollenverständnis von Väterlichkeit aufzeigen – zwischen 20 und 25 Prozent der Männer leben eine Vaterschaft, die versucht, die Balance zwischen Beruf und Familie zu finden –, Kinder erleben nach wie vor ein Mehr an Mütterlichkeit und ein Weniger an Väterlichkeit. Das macht sich schon an Äußerlichkeiten fest. In Elternseminaren und Beratungsgesprächen, in denen Fragen des Kleinkindalters thematisiert werden, sind Väter die Minderheit. Auf Elternabenden in Kindergärten und der Grundschule findet man sie kaum. Und wenn sie teilnehmen, geschieht das nicht unbedingt freiwillig. Nicht selten sind sie von ihren Partnerinnen «verdonnert» worden. Entsprechend verunsichert oder aggressiv handeln und reagieren sie dann. Erst wenn die Pubertät zum Thema (und zum Problem) wird, es um den Besuch einer weiterführenden Schule geht, tauchen verstärkt Männer auf.

Um nicht missverstanden zu werden: Unverkennbar sind positive Tendenzen in den letzten Jahren. Männer besuchen mit ihren schwangeren Frauen Kurse zur Geburtsvorbereitung, wohnen der Geburt ihrer Kinder bei. Studien haben gezeigt: Männer, die sich frühzeitig auf die Vaterrolle vorbereiten, die ihre Frauen bei der Geburt nicht alleine lassen, fühlen sich stärker zum Kind hingezogen, zeichnen sich durch mehr Sensibilität aus. Gleichwohl verunsichert die Schwangerschaft manche Männer. Mancher fühlt sich isoliert, abseits gestellt, nicht mehr genügend beachtet, weil Kraft und Energie der Frau auf das Wohlergehen des Kindes gerichtet sind.

«Mir hat die Schwangerschaft meiner Frau ähnlich zugesetzt wie ihr», berichtet Johannes Gerold, Vater einer jetzt 8 Monate alten Tochter: «Da war eine Menge Unsicherheit. Was kommt auf mich zu? Schaffe ich das alles? Und dann die Verantwortung, die mit einem Male auf einem lastet!»

In diesem Gesprächsausschnitt ist ein anderer Gesichtspunkt angedeutet, der für Väter eine Rolle spielt: Die Angst vor einer möglichen Isolation nach der Geburt des Kindes verbindet sich mit der wachsenden Ungewissheit darüber, ob man den zukünftigen Erziehungsaufgaben gerecht werden und die eigene Rolle im erweiterten Familiensystem finden wird. Andere Väter sind der Meinung, ein Säugling würde im ersten Lebensjahr «eh nichts mitbekommen», und deshalb «brauche man sich gar nicht um das Kind zu sorgen»! «Die schreien und scheißen ja doch nur», begründete einmal ein Vater seine Zurückhaltung in Bezug auf seinen 5 Monate alten Sohn. Aber auch Väter können lernen, innige Beziehungen zu dem Säugling aufzunehmen, können erfahren, wie diese auf väterliche Kontaktaufnahme reagieren, wie sie den Kopf drehen, wenn sie seine Stimme hören, wie sie sein Lächeln und sein Augenblinzeln erwidern, wie sie sein liebevolles Streicheln, den Hautkontakt genießen, wie ihr Schreien und Weinen vom Vater durch Hinwendung und Fürsorge ernst genommen werden.

Kontakt zum Kind bemisst sich nicht in Quantitäten, entscheidend ist die Qualität: Schon Säuglinge spüren, ob man sich ihnen intensiv widmet oder doch nicht ganz bei ihnen ist. Dann reagieren sie quengelig, sind unruhig. Die Fähigkeiten, zum Kind in eine Beziehung zu treten, müssen erlernt, erworben und ausprobiert werden. Wer sich jahrelang aus der Kindererziehung heraushält, dem fehlen später nicht selten Kompetenzen, sich in ein älter und selbständiger werdendes Kind einzufühlen.

Haben Kinder das Gefühl, nicht genügend Beachtung des Vaters zu finden, dann ziehen sie diesen in die Erziehung hinein. Kinder handeln. Florian, 2½ Jahre, nervte ständig beim Essen. Er ließ sich nicht mehr füttern und stellte sich beim Gebrauch seines Löffels ungeschickt an, obwohl er das – fühlte er sich unbeobachtet – konnte. So eskalierte die Tischsituation immer häufiger. Der Vater stand irgendwann entnervt auf und ließ Florians Mutter mit ihren Frustrationen zurück. Die Eltern machten sich in der Folge gegenseitig Vorwürfe. «Du klinkst dich aus», lautete der gereizte Vorwurf der Mutter, «und lässt mich allein!» – «Ich hab auch keine Idee», war seine Antwort. «Nur, etwas machst du falsch!» Als Florian sich eines Tages wieder einmal besonders stümperhaft anstellte und den Löffel als Spielzeug missbrauchte, rief die Mutter wutentbrannt: «Verdammt nochmal! Ich weiß nicht mehr weiter! Was willst du denn eigentlich?» Und obwohl das eine eher rhetorische Frage war, lächelte Florian: «Bei Papa essen!»

Er stand auf, ließ seine sprachlose Mutter zurück. Schob seinen Teller auf die andere Tischseite, ging zu dem erstaunten Vater, setzte sich auf seinen Schoß und begann, «richtig» und wie selbstverständlich zu essen. Als der Vater ihn beim Greifen des Trinkbechers unterstützen wollte, wies Florian ihn zurück. «Florian kann alleine!», meinte er, trank und aß mit großem Genuss weiter. Die Eltern erkannten die Zeichen, die Florian setzte. Man veränderte das Essritual. Der Sohn saß nun an der Seite des Vaters. Die Nerverei hatte ein Ende.

Florians Störung hatte also einen Sinn. Er wollte seinem Vater zeigen, was er konnte. Da der Vater das nicht wahrnahm, intensivierte er seine Störungen. Erst als sich der Vater auf seinen Sohn einließ, fehlte Florian der Anlass, Grenzen zu überschreiten. Ziel des Streites war somit der Vater. Florian handelte – so, als wolle er sagen: «Mama ist mit mir überfordert! Jetzt bist du dran!» Was vordergründig nach einem Problem der Mutter-Kind-Beziehung aussah, war der Versuch Florians, den Vater in die Erziehung einzubinden, um die Mutter zu entlasten.

Eine besondere Herausforderung der Väter ist die Pubertät. Dabei gewinne ich manchmal den Eindruck, als ob die Väter – wenn der Auszug der Jugendlichen sich andeutet – Konflikte um der Konflikte willen vom Zaun brechen, ganz nach dem Motto: Auch Streit verbindet. Während Mütter mit dem Loslassen im Lauf der kindlichen Entwicklung konfrontiert waren – z. B. im Kindergarten, in der Schule –, haben Väter sich damit nicht oder nur oberflächlich auseinander gesetzt.

«Mein Mann», so erklärt mir die Mutter der 15-jährigen Sabine und des 12-jährigen Thomas, «hat überhaupt nicht mitbekommen, dass die Kinder größer geworden sind. Nun sind sie fast erwachsen. Er erschrickt und will noch retten, was zu retten ist. Erziehung in letzter Minute. In zwei, drei oder vier Jahren nachholen, was er in vielen Jahren versäumt hat.» Tatsächlich versuchen sich einige Väter in einer Art Last-Minute-Erziehung, die nicht selten schief läuft, weil sie dem Alters- und Entwicklungsstand des Kindes unangemessen ist und sich nur auf wenige Felder konzentriert: Schulleistungen, Hausaufgaben, Disziplin, Aussehen und Freizeitverhalten.

Mit Sorge beobachte ich, dass manche Väter durch diese Last-Minute-Erziehung eine intensive, emotionale Beziehung, die letztlich das Verdienst der Mutter ist, aufs Spiel setzen. «Für meinen Vater bin ich jetzt keine Tochter mehr», klagt Anja, 14 Jahre, «für den bin ich nur noch eine Schülerin. Aber dem pfeif ich was.» – «Jahrelang hat er sich einen Dreck um meine Freunde gekümmert», erklärt Fabian, 15 Jahre, die Situation, «nun will er mir den Kontakt verbieten.» – «Meinem Vater war's egal, wann ich die Hausaufgaben mache», entrüstet sich Niklas, 14 Jahre, «jetzt bin ich in der Schule abgesackt. Und er streicht mir meine Freizeit. Lernen! Lernen! Lernen!, schreit er. Als ob es nicht etwas anderes gibt als lernen. Aber der kann mich mal!»

«Damit machen sich Väter doch nur lächerlich», schmunzelt Beatrice, 16 Jahre. «Mein Vater ist ein Handy-Pädagoge!» Was das denn sei, bin ich neugierig. «Na, der gibt mir Aufträge für Hausaufgaben, wenn er zu Hause ist. Aber der ist ja die ganze Woche unterwegs. Und abends ruft er mit dem Handy an und fragt, ob ich alles erfüllt habe. Ich sag dann: Nein! Dann kriegt er einen Tobsuchtsanfall, und ich sag: ‹Ich versteh dich nicht, Papa!› Dann schreit er: ‹Gib mir mal Mama!› Und meine Mama säuselt dann ganz ironisch: ‹Günter, ich versteh dich nicht. Du weißt, diese blöden Funkverbindungen!› Und dann legt sie auf.

Und wir lachen uns tot.» Beatrice stockt kurz: «Ich mag meinen Papa! Aber seit zwei Jahren ist er völlig vernagelt!»

Nicht immer gehen Kinder so selbstbewusst mit einer Last-Minute-Erziehung um, manchmal leiden sie und das gesamte Familiensystem unter den Folgen.

Szenen aus einem Elternseminar: Heinz Hölzer, Vater von Lukas und Sven, 14 und 16 Jahre alt. Mit dem Älteren, mit Sven, sagt er, hatte er niemals Schwierigkeiten: «Er war ein Selbstläufer, er machte mir Spaß, Sven war – und ist es heute noch – absolut pflegeleicht. Und das gefällt mir. Ich habe beruflich viel zu tun, und dann will ich nicht auch noch Familienstress haben.» Den gebe es aber mit Lukas. Bei Sven verlief die Pubertät ganz anders, als man überall lesen würde, so Heinz Hölzer erleichtert: «Keine großen Reibereien. Er hielt sich an Absprachen. Er war sehr sozial eingestellt.» Bei Lukas ständen aber seit 2 Jahren die Probleme im Vordergrund: «Er fällt in der Schule durch Störungen auf. Seine Leistungen sind rapide schlechter geworden, weil er die Hausaufgaben nachlässig macht.» Lukas sei bisher gerne zum Volleyball gegangen, aber den Sport «schwänzt er nun auch. Es ist ein Kreuz. Wegen jeder Kleinigkeit gibt es Krach.» Er atmet aus: «Und neulich kommt er vom Friseur – mit kurz geschorenen Haaren. Da habe ich einen Tobsuchtsanfall gekriegt, ihn aus dem Zimmer geschmissen. Nach einer halben Stunde kommt er zurück, seine Haare grellblond gefärbt.» Der Vater sieht mich verzweifelt an: «Was mache ich nur falsch?»

Lukas ist auch auf dem Seminar und hat sich die Vorwürfe des Vaters stillschweigend angehört. Als ich ihm die Frage weiterreiche, zuckt er mit den Schultern. «Was kann dein Vater richtiger machen?», bleibe ich hartnäckig. «Na, nun sag schon, Sven», greift der Vater ungeduldig ein. «Sehen Sie!», platzt es aus Lukas heraus. «Er weiß nicht mal meinen Namen! Sven! Sven!!» Er schreit es förmlich: «Sven! Immer nur Sven! Ich bin Lukas, verdammte Scheiße!» Der Vater erschrickt, sein Kopf sinkt zwischen die Schultern. Nach einer langen Pause fügt er nachdenklich an: «Er hat Recht! Ich vergleiche ständig!» – «Was mögen Sie an Lukas?», will ich wissen. Wieder ein langes Nachdenken. Dann sieht er mich an. «Sagen Sie es Lukas! Schauen Sie ihn an!», sage ich. Er wendet sich Lukas zu: «Seine ...», er korrigiert sich, «deine Eigenwilligkeit, deinen Dickschädel. Er ...», wieder verbessert er sich: «Du weißt, was du willst!»

Als wir uns nach drei Monaten wieder sehen, hat sich das Verhältnis zwischen Vater und Lukas erheblich entkrampft. Lukas geht zwar noch nicht wieder zum Volleyball, hat seine Haare genauso kurz, seine schulischen Leistungen haben sich nicht verbessert. «Aber darüber rede ich nicht mehr. Nur noch manchmal, wenn Lukas kommt und etwas von mir wissen will. Wichtiger ist mir, dass ich Lukas' Stärke beachte. Und so sehe ich ihn anders. Nun kann ich ihn so nehmen, wie er ist, und nicht, wie ich ihn haben möchte. Diese ständigen Vergleiche haben ihn verletzt und mich wohl auch unter Druck gesetzt.» Er sieht mich fragend an: «Aber warum bin ich in diese Falle getappt? Das war früher nicht so. Da hatte ich ein gutes Verhältnis zu meinem Sohn. Das kam erst, als Lukas pubertierte! Ich habe schon hin und her überlegt, aber keine Antwort gefunden.»

In manchen Auseinandersetzungen zwischen Vätern und ihren pubertierenden Kindern geht es nicht um die Klärung einer Sache – Schule, Hausaufgaben, Sport –, es steht Beziehungsstress im Vordergrund. Anders ausgedrückt: Dadurch binden Väter ihre Heranwachsenden unbewusst an sich.

Um dies an der Situation von Heinz Hölzer und Lukas zu veranschaulichen: Erst als sich der Vater aus den Konflikten mit Lukas zurückzog, gewann er die Distanz, die ihm einen freieren Blick auf seinen Sohn gestattete. Er entdeckte nun Charakterzüge und liebenswerte Eigenschaften, die die Konflikte bisher verdeckten. Die zwanghafte und schmerzhafte Nähe, die der Vater zuvor durch die ständigen Streitereien herstellte, wich nun einer reifen Beziehung, die sich durch Nähe (z. B. durch Gespräche) und Distanz (Lukas so zu lassen, wie er ist) auszeichnete. Heinz Hölzers väterliches Handeln war damit durch die Pole Partnerschaft und Autorität gekennzeichnet:

- Aufgabe der väterlichen (wie mütterlichen) Erziehung ist es, die Selbständigkeit der Heranwachsenden zu gewährleisten, sie nicht durch Überbehütung oder Konflikte festzuhalten.
- Heranwachsende fordern zugleich väterliche (wie mütterliche) Autorität, lehnen freilich autoritäres Gehabe ab. Sie wollen eine klare Kommunikation, wollen wissen, woran sie beim Vater (wie der Mutter) sind.

«Mein Vater», so die 13-jährige Juliane, «ist fad. Mit dem kann man sich überhaupt nicht streiten, der hat für alles Verständnis. Also ich kann machen, was ich will. Der flippt nie aus. Selbst den Ring durch die Augenbraue fand er noch toll.» – «Ich hab auch so 'nen Softie», hakt Stefan, 14, ein, «einen richtigen Watte-Vater.» – «Wenn ich meinem Vater von meinen Problemen erzähle», so der 13-jährige Lucas, «hört der sich das nur kurz an, und dann labert er von sich, von seinen Problemen. Oder davon, wie's früher war. Aber irgendwie hab ich schon keinen Bock mehr darauf, weil, ich hab doch die Probleme, und dann muss ich mir nur seinen Mist anhören.» Christian schüttelt bei diesen Sätzen seinen Kopf: «Sei froh, dass du so einen hast. Meiner schreit sofort rum. Der hält nichts aus, meint aber, er sei der beste Vater aller Zeiten. Jahrelang hat er sich rausgehalten, jetzt macht er nur meine Mutter an, sie habe versagt. Und mit einem Mal will er alles nachholen. Kümmert sich um jeden Scheißdreck, kontrolliert die Hausaufgaben und schnallt sowieso nichts. Also mir reicht's!»

Diese Jugendlichen haben anschaulich zwei Vätertypen umschrieben, die ihnen eine reife Auseinandersetzung und Abgrenzung schwer machen. Da ist zunächst einmal jener «väterliche» Kumpeltyp, der sich in eine vermeintliche Jugendlichkeit flüchtet und dabei die Generationsgrenzen verwischt. Berufspubertierende Väter in modejugendlichem Aufzug bieten den Heranwachsenden keinen Halt, vermitteln keine Orientierung, stellen keine Vorbilder dar, an denen sich Jugendliche orientieren können. Und wer den Heranwachsenden ständig mit eigenen Sorgen kommt, vermittelt ihnen – bewusst oder unbewusst –: «Lass mich bloß in Frieden!»

Und da ist dann jener Vatertyp, der den Wunsch von Pubertierenden nach Begleitung und Unterstützung mit Kontrolle, Manipulation und Machtausübung, der die Suche von Heranwachsenden nach persönlicher Autorität mit autoritärem Gehabe und Geschrei verwechselt. Solch ein Vatertyp überzieht maßlos, kann keine Beziehung zu seinem Kind herstellen, weil er ständig nach der Devise «Mal sehen, wer hier gewinnt!» handelt.

Auf meine Frage, ob die Heranwachsenden wüssten, warum ihre Väter so handelten, ruft die 13-jährige Eva spontan: «Ich glaub, mein Vater hat Angst vorm Älterwerden. Der steht vorm Spiegel, sieht seine grauen Haare und färbt sich die. Oder er trägt schwarze Klamotten, damit man seinen Bauch nicht sieht.» – «Meiner hat, glaub ich jedenfalls», so Robert, 15 Jahre, «Angst davor, dass ich bald nicht mehr da bin. Ich glaub, der hat 'n Horror davor, dass er irgendwann mit meiner Mutter allein sein muss. Und weil zwischen denen nichts mehr läuft, hält er mich fest!»

Jugendliche sind genaue Beobachter ihrer Eltern, ihre Beurteilungen manchmal messerscharf und verletzend. Gleichwohl ist eines auffällig: Körperliche Veränderungen, die Heranwachsende während der Pubertät durchmachen, erleben, wenn auch völlig anders, die Väter. Während man viel über die Wechseljahre der Frau weiß, bleiben körperliche Entwicklungsprozesse und deren seelische Auswirkungen beim Mann häufig ausgeblendet. Doch körperliche Veränderungen sind unverkennbar: Die Haare fallen aus oder werden grau, die Haut wird schlaffer, die Augen schlechter, Stimmungsschwankungen machen sich ebenso bemerkbar wie eine zunehmende Unruhe und psychische Unzufriedenheit. Diese körperlichen wie geistigen Veränderungen beunruhigen, führen zu Krisen – auch Midlife-Crisis genannt. So wie die Pubertät für die Heranwachsenden eine Herausforderung bedeutet, so bedeutet es das Älterwerden für die Väter. Setzen sich diese mit der anstehenden Entwicklung nicht konsequent auseinander, kommt es zum Stillstand, zum Rückzug aus Beziehungen, zur Demonstration ewiger Jugend oder zu Ausbruchsversuchen aus der Partnerschaft.

Vier zentrale Entwicklungsaufgaben sind in der Lebensmitte von Vätern zu bewältigen:

- Sich mit seinen körperlichen Veränderungen (Gesundheit, Aussehen, Sexualität) anzunehmen und für seine Gesundheit zu sorgen.
- Die Beziehung zur Partnerin auf eine veränderte Basis zu stellen, Perspektiven und Gemeinsamkeiten zu entwickeln, um mit ihr gemeinsam alt zu werden.
- Nach neuen Schwerpunkten und Aufgaben zu suchen, um der Partnerin selbstbewusst seine Eigenständigkeit vorzuleben.
- Die Kinder loszulassen, d. h., Kinder als Partner zu begreifen, die nicht verantwortlich sind für die körperliche und geistig-seelische Gesundheit der Eltern.

Pubertierende ziehen umso gelöster und befreiter aus dem Haus, je mehr sie Väter und Mütter zurücklassen, von denen sie überzeugt sind, dass sie ihren Weg allein gehen können. Und Pubertierende gehen umso selbständiger, je weniger sie ihre Väter als Verbündete empfinden. Pubertierende wollen nicht Verbündete, sie wollen verbunden sein, weil dieses Gefühl ihnen Schutz gibt auf ihrem Weg in die Welt. Aber verbunden sind nur jene Väter, die ihren Heranwachsenden vorgelebt haben, wie man Verantwortung wahrnimmt und Krisen löst.

Und noch ein letzter Gedanke: Je mehr Kinder das Gefühl haben, dass es für Väter wie Mütter ein Leben jenseits der Elternschaft gibt, umso selbstbewusster ziehen Kinder aus. Und je mehr Väter wie Mütter sich bemüht haben, die prägenden Rollenbilder infrage zu stellen, allen erwachsenen Familienmitgliedern das Recht auf Verwirklichung eigener Bedürfnisse zu ermöglichen, umso ermutigender wirkt sich das auf die heranwachsenden Kinder aus. Für die Väter gilt, den Kindern Väterlichkeit anschaulich zu vermitteln, für die Mütter, dass Mütterlichkeit mehr sein kann als die Erziehung der Kinder. Dieses bringt – wie es der Paartherapeut Hans Jellouschek ausgedrückt hat – die Seele der Kinder in Balance.

10. Der Spagat berufstätiger Mütter

Gesprächsrunde mit 10- bis 13-jährigen Kindern berufstätiger Mütter: «Früher, als ich noch in den Kindergarten ging», so Daniela, «hat meine Mutter nicht gearbeitet. Sie ist zu Hause geblieben, weil sie meinte, das wäre gut für mich. Aber sie war auch irgendwie unzufrieden. Und das hat sie dann an mir ausgelassen. Seitdem sie wieder ihren Beruf hat, ist sie irgendwie ruhiger. Sie sieht auch nicht alles. So hab ich mehr meine Ruhe.»

«Das stimmt», greift Jakob ein. «Früher drehte sich bei mir alles um die Schule, um die Hausaufgaben. Das war fürchterlich und gab immer Krach. Und dann machte sich meine Mutter ständig Gedanken um mich. Die hat mich nicht nur zur Schule gefahren. Die war auch noch im Elternbeirat. Und so konnte ich in der Schule nicht alleine sein. Überall geisterte sie rum. Also ich find's gut, dass sie jetzt arbeitet und auch mal an sich denkt!»

«Eigentlich finde ich das ja auch gut», fährt Norbert etwas zögerlich fort, «nur jetzt muss ich mehr im Haushalt helfen, den Tisch decken, abwaschen und so. Das find ich ehrlich nicht so toll. Und dann ess ich eben manchmal auch alleine. Das war früher besser. Aber insgesamt ist Mama jetzt besser gelaunt, seit sie arbeitet. Und das Taschengeld ist auch höher. Aber ich glaub, das hat sie nur wegen ihres schlechten Gewissens gemacht!»

Jessica nickt, als sie das hört: «Jetzt bin ich ja größer. Aber früher fand ich das schon doof, wenn ich von der Schule nach Hause kam und keiner da war. Das war echt blöd. Nun, denke ich, habe ich es aber doch besser. Wenn ich das von Kathrin hör, wie die gleich nach der Schule ausgefragt wird, wenn die nach Hause kommt, das find ich echt ätzend. Ich kann mir meine Zeit einteilen, weil meine Mutter erst am Abend kontrolliert.»

«Meine Mutter», so Stephan, «ist schon früher arbeiten gegangen. Wir haben ein Geschäft, und ich bin dann zur Tagesmutter gekommen. Die mochte ich aber nicht. Die war wie eine Hexe. Da hab ich ständig morgens Theater gemacht, wenn meine Mutter mich abgegeben hat. Also das war irgendwie nicht schön. Und ich war auch öfter krank. Da bin ich dann zur Oma gekommen. Das war besser. Jetzt find ich es toll, dass meine Mutter arbeitet. Die ist ganz selbstbewusst geworden. Die lässt sich von Papa nicht mehr alles sagen.»

«Ja», ergänzt Nina, «das sehe ich auch. Ich bin ganz stolz auf sie. Die musste sich gegen Oma und Opa durchsetzen – und auch gegen Papa. Das war nicht einfach. Und wenn es Probleme mit mir gab, hatte sie die Schuld. Das fand ich damals schon gemein. Aber Papa hat sich dann irgendwie beruhigt, und nun hilft er sogar im Haushalt mit. Also», schließt sie, «ich will später auch mal arbeiten.»

Während (populär-)wissenschaftliche Untersuchungen bevorzugt danach fragen, ob die Berufstätigkeit von Müttern sich negativ auf die intellektuelle und gefühlsmäßige Entwicklung von Kindern auswirke, gehen die Betroffenen wesentlich differenzierter mit der Situation um. Die Gründe liegen auf der Hand: Vorgefasste Meinungen («Meine Frau gehört ins Haus!», «Kinder ohne Mütter verwahrlosen!») prägen Sichtweise und Untersuchungsperspektive. Man betrachtet mütterliche Abwesenheit als emotionales Defizit, das zwangsläufig zu nachhaltigen Verlusten beim Kind führt. Und es fällt auf: Man redet in solchen Untersuchungen weniger *mit* Kindern, stattdessen lamentiert man *über* sie. Das Bild von den armen, vernachlässigten «Schlüsselkindern», das seit Jahrzehnten durch die Öffentlichkeit geistert, spukt nach wie vor in vielen Köpfen.

Kinder haben dagegen eine eigene Position, die zeigt, dass sie mit der berufsbedingten Abwesenheit ihrer Mütter produktiv umgehen können. Und produktiv meint nicht, dass damit nur Glücksgefühle verbunden sind, denn jeder Lebensumstand, jede Alltagssituation hinterlässt nun mal Spuren in der kindlichen Psyche. Dies gilt gleichermaßen, wenn die Mutter halb- oder ganztags berufstätig ist. Nicht jedes Kind reagiert freudig erregt, vergnügt oder aufgeschlossen, wenn es sich morgens von der Mutter trennen muss. Und viele Kinder macht es traurig, wenn sie im Kindergarten nicht von der Mutter abgeholt werden können, weil diese im Büro sitzt, oder wenn sie von der Schule nach Hause kommen und niemand sie empfängt. Aber Trennung und Abschied, Trauer und Schmerz belasten Kinder dann nicht, wenn sie sich der Zuneigung und Annahme der zeitweise abwesenden Mutter (und natürlich auch des Vaters) gewiss sind.

Die Stabilität der Mutter-Kind-Beziehung leidet unter der Berufstätigkeit ebenso wenig, wie das beiderseitige Vertrauensverhältnis erschüttert wird. Und je selbstbewusster Mütter zu ihrem beruflichen Engagement stehen, umso mehr können Kinder sich darauf einlassen, können sie die Vorteile dieser Situation erkennen. Umgekehrt gilt: Je unsicherer und zweifelnder Mütter ihren Beruf angehen, umso ängstlicher handeln auch Kinder, umso vehementer setzen sie Tränendrüse und Verzweiflung ein, um Mütter von der Arbeitswelt fernzuhalten und sie als allseits bereite Fürsorgerin an sich zu binden. Sieht man sich die Stellungnahmen der Kinder an, die sie über die Berufstätigkeit der Mütter abgeben, dann überwiegen zweifellos die Vorteile:

- Genannt werden zunächst materielle Aspekte: Man kann sich mehr leisten, braucht nicht jeden Pfennig umzudrehen. Die berufstätige Mutter hat eigenes Geld zur Verfügung und gewinnt dadurch ein Stück ökonomischer Unabhängigkeit.
- Kinder bemerken eine veränderte partnerschaftliche Beziehung ihrer Eltern. Sie werden als gleichberechtigter erlebt, die

Mutter als unabhängiger. Der Vater ist zudem mehr in alltägliche Haushaltsabläufe einbezogen. Die Kinder beobachten einen größeren gegenseitigen Respekt.

- Töchter profitieren besonders von berufstätigen Müttern. Ihnen wird ein erweitertes Rollenverständnis vorgelebt, das auf materielle wie emotionale Unabhängigkeit aufbaut. Die Söhne betonen dagegen, sich von berufstätigen Müttern besser abgrenzen zu können, diese würden eher und konsequenter loslassen. Heranwachsende beobachten, dass sie durch den Eintritt der Mutter in das Arbeitsleben selbstbewusster, selbstsicherer und selbständiger geworden sind. Aber diese Gefühle waren nicht von Anfang an da, sondern hätten sich entwickelt, betonen sie.
- Heranwachsende fühlen sich nicht vernachlässigt. Im Gegenteil: Kinder haben mehr Zeit für sich, empfinden weniger Kontrolle, erleben sich als unbeobachteter. Die verbleibende Zeit mit der Mutter wird als wertvoller, intensiver und ausgefüllter erlebt.
- Gleichwohl merken Heranwachsende auch kritische Aspekte an: Manche fühlen sich allein, wenn sie in die leere Wohnung kommen, andere haben keinen Ansprechpartner nach dem Kindergarten oder der Schule, dritten wiederum fehlt die gemütliche Situation beim Mittagessen, und schließlich können manche Kinder die Horterzieherin oder die Tagesmutter nicht leiden.

Gesprächsrunde mit berufstätigen Müttern von 3- bis 6-jährigen Kindern: «Auch wenn immer auf die Vorteile von arbeitenden Müttern hingewiesen wird», so Marlies Behrens, «hat man trotzdem ein schlechtes Gewissen. Ich war die ersten Jahre zu Hause, weil ich gehört habe, wie wichtig die Bindung zum Säugling ist, weil hier letztendlich das Urvertrauen aufgebaut wird. Meine Svenja ist jetzt vier, und wenn sie irgendetwas hat, krank ist oder so, habe ich ein schlechtes Gewissen, weil ich vor 1½ Jahren begonnen habe, wieder als Verkäuferin zu arbeiten.»

«Da stimme ich Ihnen zu», ergänzt Helga Schmidt, «mein Jan-Peter ist jetzt drei, genau im Trotzalter. Er sagt, er mag mich nicht mehr, weil ich arbeite. Da kann man mir tausendmal sagen, diese Abgrenzung komme vom Trotzalter, das sei normal, wenn er das sagt. Aber wenn ich das hör, ist es wie ein Schlag in den Magen. Vom Kopf her ist mir schon alles klar. Aber ich hab einfach verdammte Schwierigkeiten mit solchen Aussprüchen. Und auch wenn alle mich unterstützen, mein Mann, meine Mutter ... die sind alle lieb ... und trotzdem!»

«Ich kann Sie verstehen», meint Rosa Apel, «wenn ich morgens meine Kleine im Kindergarten abgebe und die herzzerreißend weint. Und ich muss mich dann losreißen, weil ich zur Arbeit muss. Und wenn ich dann die anderen Kinder sehe, die nicht weinen, weil die Mütter möglicherweise mehr Ruhe haben, dann tut das schon weh. Und wenn ich dann hör, dass Sarah sich sehr schnell beruhigt und vergnügt ist, tut das zwar gut, aber man macht sich trotzdem seine Gedanken.»

«Bei mir ist es der Abschied bei der Tagesmutter», so Magdalena Schneider, «das zerreißt mich, wenn Jannek so völlig entrückt ruft: ‹Tschüs, Mama! Tschüs, Mama!›, so, als würden wir uns nie wieder sehen. Das schneidet einem ins Herz!»

Veronika Meinhard nickt, als sie das hört: «Genau! Es sind diese widersprechenden Gefühle, die einem zu schaffen machen. Den Tagesablauf krieg ich irgendwie gebacken. Mein Mann hilft, so gut er kann, trotzdem bleibt 'ne ganze Menge an mir hängen. Aber auch das schaff ich. Nur dieser Gedanke, Kindern möglicherweise seelische Schäden zuzufügen, weil man sie zurücklässt, das zehrt an einem.»

In Gesprächen mit Müttern fällt auf: So pragmatisch sie mit den verschiedenen organisatorischen Problemen umgehen, die sich aus der Doppelbelastung von Haushalt und Beruf ergeben, so couragiert sie sich diesen Herausforderungen stellen und sich als kompetente Zeitmanagerinnen erweisen, so groß sind ihre Skrupel und Bedenken, wenn es um die gefühlsmäßigen Auswirkungen geht, die ihre Berufstätigkeit auf das Seelenleben der Kinder haben kann. Hier sind sie hin- und hergerissen zwischen Pflicht und Neigung: Da ist einerseits die Sorge um das Wohl des Kindes, da sind andererseits Wünsche und Träume, sich in Bereichen jenseits des Familienlebens zu verwirklichen.

Beide Auffassungen lassen sich nur schwerlich unter einen Hut bringen, weil es einen so großen nicht gibt. Beide Auffassungen lassen sich aber miteinander vereinbaren – auch wenn viele organisatorische Aufgaben (z. B. die Betreuung nach Kindergarten und Schule, Alleinsein am Nachmittag, Krankheit der Kinder, Mithilfe im Haushalt etc.) zu bewältigen sind. Haben sich Mütter dieser Aufgaben erfolgreich angenommen, bleiben trotzdem Reste an Unzufriedenheit, an Selbstzweifel, die nicht selten von außen herangetragen werden. Eine Mutter hat das so ausgedrückt: «Immer wenn etwas passiert, führe ich das auf meine Berufstätigkeit zurück, mache mir Vorwürfe.» Und eine andere ergänzt: «Man will eine gute Mutter sein. Und gut bin ich nur, wenn ich mich ständig um das Kind kümmere.»

Und tatsächlich gibt es – unausgesprochen oder nicht – zwei Vorurteile, mit denen berufstätige Mütter zu kämpfen haben und die zur Selbstkasteiung führen. Da steht einerseits die Behauptung im Raum, berufstätige Mütter kümmerten sich zuwenig um ihre Kinder. Und vordergründig scheinen Zahlen dies zu belegen. Im Wochenschnitt ist eine Vollzeitmutter etwa 8 Stunden täglich bei ihren Kindern, eine berufstätige Mutter dagegen nur 5½ Stunden. Bevor man aber zu einem vorschnellen «Siehste!» abhebt, sollte man bedenken: Männer der Vollzeitmütter wenden sich 2 Stunden, die der berufstätigen Frau dagegen 4½ Stunden dem Kind zu.

Zählt man die Stunden zusammen, stellt man fest: Kinder berufstätiger Mütter kommen nicht zu kurz. Im Gegenteil: Sie erfahren mehr partnerschaftliche Zuwendung, die natürlich auch ihre Tücken haben kann, wenn Vater und Mutter unterschiedliche Auffassungen zur Erziehung haben. Doch darüber hinaus sollte man nicht vergessen: Kinder lernen nicht allein von ihren Eltern, Kinder lernen auch von Kindern. Und hier fällt auf: Mütter, die man als überbehütende Glucken beschreiben kann, lassen Kindern häufig zu wenig Raum und Zeit, eigene Erfahrungen mit anderen Kindern zu machen. In diesem Zusammenhang haben es die Kinder berufstätiger Mütter einfacher. Sie sind mehr auf sich gestellt.

An dieser Stelle kommt nun ein zweites Vorurteil zum Tragen: Unausrottbar scheint die trivialpsychologische Meinung zu sein, wonach allein die mütterliche Abwesenheit Kinder zu seelischen Krüppeln macht. Diese Argumentation findet sich seit den 50er Jahren in den verschiedensten Publikationen veröffentlichter Meinung ebenso wie in populistischen Äußerungen mancher Politiker, die sich um das Wohl und Wehe von Kindern und Familien ihren Kopf zerbrechen. Zweifelsohne bedeutet die berufsbedingte Abwesenheit der Mutter eine gefühlsmäßige Herausforderung für das Kind, auf die es weniger mit Lachen und Humor als vielmehr mit Tränen, Trauer und Schmerz, mit Trotz, Verweigerung und Passivität reagiert. Aber nach dieser unglücklichen Phase nehmen Kinder solche Herausforderungen an, werden aktiv, neugierig und reagieren selbständig und eigenständig. Schon jüngere Kinder können mit Trennungen umgehen, wenn

- sie das Gefühl haben, diese Trennung sei kurzfristig und überschaubar, d. h., die abwesende Mutter nach einem festgelegten Zeitraum pünktlich zurück ist;
- sie darauf vertrauen können, dass andere Personen zuverlässig für sie da sind. Dabei muss die Anzahl der Bezugspersonen überschaubar sein, und sie dürfen nicht ständig wechseln.

Sonst stellen sich Unsicherheit und Misstrauen beim Kind ein, und es lässt die Mutter nur schwer los;

- die Bezugspersonen ein ähnliches Erziehungsverhalten wie die Eltern haben. Sie müssen nicht gleich handeln, aber sie müssen auf die kindlichen Grundbedürfnisse nach Annahme und Zuwendung, nach Recht auf Achtung und körperliche Unversehrtheit ähnlich eingehen wie die Eltern. Dann baut sich ein Urvertrauen zu den Bezugspersonen auf, und dann lässt sich das Kind auf sie ein.

Allerdings, naht der Abschied, stellen sich – allen fürsorglichen Rahmenbedingungen zum Trotz – Trauer und Tränen ein. Dies vor allem in der Anfangszeit der Berufstätigkeit, wenn ein Kind sich nicht wohl fühlt, nach einem Urlaub, den Ferien oder einer Krankheit. Scheiden tut weh – aber das können Vater, Mutter und Kinder aushalten. Es hilft dem Kind wenig, wenn sich die Mutter beim Abschied davonschleicht, nur um dem Kind das Traurigsein zu ersparen. Dann reagiert das Kind zu Recht mit Zorn und Wut, weil es sich in seinem Gefühl nicht ernst genommen fühlt. Trennung und damit einhergehende Emotionen lassen sich durch Rituale zwar nicht verhindern, aber so bannen, dass das Kind nicht ins Bodenlose versinkt:

- Maria, 3 Jahre, bekommt von ihrer Mutter einen Ring mit, der an einer Kette hängt. Maria hat sich die Kette um den Hals gehängt. Wenn sie sich unsicher fühlt, berührt sie sie.
- Gabi, 4 Jahre, hat Mamas Schal mit dabei, weil der «nach Mama riecht!» Diesen Schal trägt sie in der ersten Zeit im Kindergarten ständig.
- Jonathan, 5 Jahre, hat in seiner Hosentasche eine Haarlocke seiner Mutter, die er, wenn er sich nicht wohl fühlt, betrachtet und streichelt.
- Sybille, 4 Jahre, zieht sich, wenn sie den Kindergarten betritt, selber die Straßenschuhe aus, um sich dann von der Mutter

die Pantoffeln geben zu lassen. Dabei sagt die Mutter: «Adieu!», steht auf, wirft ihrer Tochter eine Kusshand zu und geht, ohne sich ein weiteres Mal umzusehen.

- Fritz und seine Mutter singen bei der Tagesmutter zum Abschied das Lied von «Hänschen klein», sie umarmen sich kurz. Fritz gibt seiner Mutter zwei Küsse, bevor er sagt: «Nun kannst du gehen!»

Kinder brauchen zum Abschied Rituale, weil in ihnen existenzielle Gefühle aufgehoben sind, weil sie Kindern und Müttern ein Mittel an die Hand geben, sich dem Trennungsschmerz zu stellen, ohne ihm ausgeliefert zu sein.

«Das leuchtet mir ein», meint eine Mutter, «aber wenn ich ihn dann abhole von der Tagesmutter, dann will er nicht mit. Dann macht er Theater, ja er klammert sich so an ihr fest, als wäre ich eine böse Hexe, die ihn fressen würde. Dann bekomme ich ein schlechtes Gewissen, weil ich denke, er rächt sich an mir, dass ich ihn morgens allein lasse, um zu arbeiten.» Andere Mütter stimmen dieser Schilderung zu. Nun gibt es zweifelsohne Kinder, die ihre berufstätigen Mütter bekämpfen, weil sie sich lieblos behandelt und missachtet fühlen.

Doch zunächst einmal ist es normal, wenn Kinder ihre Wiedersehensfreude verhalten zeigen. Schließlich hat das Kind in der mütterlichen Abwesenheit Selbständigkeit bewiesen, hat gezeigt, mit einer problematischen Situation fertig zu werden. Das Kind hat sich als ‹großes› wahrgenommen, ist beim Abschied so behandelt worden («Schau, du bist doch schon groß. Jetzt kann Mama arbeiten!»). Nun soll es wieder das ‹kleine› Kind sein, das bereitwillig in die schützenden Arme der Mutter flüchtet. Für diesen Prozess des Umschaltens braucht ein Kind geraume Zeit, so wie es sich zuvor an den Abschied gewöhnen musste. Ist die Trennung eher von Traurigkeit gekennzeichnet, so prägen Trotz und Widerstand mehr die Phase des Wiedersehens.

Ein Hinweis an Mütter: Sosehr ich die Freude verstehe, dass Sie Ihr Kind wieder sehen, lassen Sie sich und ihm Zeit. Bedenken Sie: Sie sind am Morgen oder am Nachmittag gegangen, nun bestimmt das Kind das Tempo, mit dem es Kontakt zu Ihnen aufnimmt. Warten Sie ab, was das Kind macht! Mit einem freundlichen Lächeln aus der Distanz kann Ihr Kind vielleicht besser umgehen, als wenn Sie es unvermittelt an sich reißen und abküssen. Und erpressen Sie Ihr Kind nicht, wenn es nicht spontan auf Sie zulaufen will, mit Worten wie: «Schau, Mama ist da! Magst du denn Mama nicht mehr?» Mit solchen Formulierungen setzen Sie Ihr Kind unter Druck. Vor allem: Sie stellen einen Zusammenhang zwischen Zuneigung und Körperkontakt her. Oder sie provozieren Trotzreaktionen: «Mama arbeitet, weil sie mit mir nichts zu tun haben will! Aber nun will ich mit ihr nichts zu tun haben! Das hat sie nun davon!»

Ich betone es nochmals: Abschiede und Trennungen schmerzen. Aber diese Gefühle können Kinder verarbeiten, wenn sie sich zuverlässig aufgehoben fühlen. Und nicht die Berufstätigkeit der Mutter bedingt seelische Probleme der Kinder, es sind vielmehr andauernde Lieblosigkeit und Missachtung kindlicher Bedürfnisse, die ihnen letztlich die psychischen Probleme bereiten.

Gesprächsrunde mit drei Müttern: Angelika Albers, berufstätig, zwei Kinder, Mareike Walter, Hausfrau, ein Kind, Manuela Fritz, Nochhausfrau, drei Kinder.

Mareike Walter: «Manchmal bekommt man schon ein schlechtes Gewissen, nur Hausfrau und Mutter zu sein, wenn man so liest, was die berufstätigen Mütter alles leisten …»

Angelika Albers: «Na ja, ich hab genauso mit Vorurteilen zu kämpfen. Von wegen Rabenmutter und so.»

Mareike Walter: «Ich habe damals bewusst wegen Nils aufgehört zu arbeiten. Ich wollte die ersten Jahre bei ihm sein. Aber ich kann mir vorstellen, später wieder in den Beruf zu gehen, wenn's denn klappt.»

Manuela Fritz: «So habe ich es auch gemacht. Ich hab damals Schluss gemacht mit der Arbeit. Bei drei Kindern ging das auch gar nicht mehr. Jetzt sind sie aus dem Gröbsten heraus. Und ich muss lernen, wieder an mich zu denken. Sonst verpasse ich den Zeitpunkt, und ich kleb nur an den Kindern.»

Angelika Albers: «Ich hab nur ein Jahr wirklich pausiert. Dann hab ich wieder begonnen. Es gab 'ne Chance für mich im Büro. Eine Freundin hat mich gewarnt, so früh anzufangen. Sie habe es auch versucht, aber bei ihrem Sohn ging es nicht. Aber ich glaub, die wollte nicht wirklich arbeiten, ich weiß es nicht, ist ja auch ein schwieriges Thema. Jedenfalls musste sie wieder aufhören. Bei mir ging es nicht so gut. Meine Tochter hat's mir auch nicht einfacher gemacht. Bei meinem Sohn war das problemlos, aber der ist irgendwie auch stabiler. Kinder sind ja so verschieden. Der eine steckt das so, die andere so weg. Und dann muss ich sagen, dass es mit meiner Tagesmutter auch prima ging. Die ist einfach toll!»

Zwei Muster kennzeichnen die Diskussionen über berufstätige Mütter:

- Manche öffentlichen Diskussionen wollen belegen, dass Probleme in der kindlichen Entwicklung *auch* auf die Erwerbsarbeit der Mütter zurückzuführen sind, die fehlende Zeit psychische Defizite verursacht.
- Zugleich werden Vollzeitmütter und berufstätige Mütter gegeneinander ausgespielt, wird suggeriert, dass gute Mütter – je nach Standpunkt – einer Berufstätigkeit nachgehen *oder* sich ausschließlich als Erzieherin in der Familie verwirklichen. Tatsächlich: «Gute» Mütter arbeiten – nur wo, das muss jede Mutter für sich entscheiden. Und wichtig dabei ist: Sie müssen zu ihren Entscheidungen stehen. Nur diese Haltung gewährleistet eine innere Zufriedenheit. Unzufriedene Mütter sind meist jene, die zu Hause beim Kind bleiben, aber lieber arbeiten möchten. Die Unzufriedenheit wirkt sich latent aus, weil

sie es sich selbst nicht eingestehen. So wird der Frust nicht selten am Kind ausgelebt. Und Unzufriedenheit ist umgekehrt bei jenen Müttern feststellbar, die eine Kinderpause anstreben, es sich aber aus finanziellen Gründen nicht gestatten.

Es gibt keine allgemein gültigen Rezepte, nach denen man die Entscheidung für oder gegen die Berufstätigkeit leicht treffen kann, aber einige Kriterien kann man nennen:

- Zunächst: Kinder reagieren höchst individuell. Während einige Kinder mit der mütterlichen Berufstätigkeit gut umgehen können, wirken andere nervös, aggressiv und ängstlich. Deshalb kann es manchmal sinnvoll sein, erst dann wieder in die Arbeitswelt einzusteigen, wenn es der emotionale und intellektuelle Entwicklungsstand des Kindes zulässt.
- Von großer Bedeutung ist das ureigene Gefühl. Jede Mutter muss aufgrund ihrer individuellen Lebens- und Alltagssituation entscheiden. Hat man sich dann zu einer Entscheidung durchgerungen, muss man zu ihr stehen. Dabei gilt: Jede Entscheidung hat Vor- und Nachteile. Es gibt keine perfekte Lösung, die nur glücklich macht.
- Sowohl für die berufstätige wie für die Vollzeitmutter gilt: Kinder sind eigenständige Wesen, die mental nicht verkümmern, wenn Mütter mal nicht anwesend sind.
- Und schließlich: Kinder brauchen bedingungslose Zuwendung. Für berufstätige Mütter heißt das: Kinder nicht verantwortlich und zum Sündenbock zu machen, wenn manches nicht so gut läuft. Und für Vollzeitmütter bedeutet das: Kindern später nicht vorzuhalten, man habe ihnen zuliebe auf vieles – auch auf den Beruf – verzichtet. Deshalb seien sie nun für das gefühlsmäßige Wohlbefinden der Mutter mitverantwortlich – nach dem Motto: Eine Hand wäscht die andere.

11. Das Improvisationstalent von Alleinerziehenden

«Ich bin allein erziehend», beginnt Sarah Bach das Gespräch, «und komme wegen meiner 13-jährigen Tanja in die Beratung, weil sie in der Schule abgesackt ist. Sie ist faul wie die Sünde. Denkt nur an die Jungen oder was weiß ich woran! Sie tut absolut nichts. Ich hab ihr jetzt sämtliche Freizeitaktivitäten gestrichen. Aber damit komme ich auch nicht mehr weiter. Und ich kontrollier jeden Abend die Hausaufgaben, was nur dazu führt, dass wir jeden Abend Stress haben!» Sie habe einfach das Gefühl, so resümiert sie, eine Versagerin zu sein.

«Es geht um Tobias, der macht Probleme. Und ich bin allein erziehend», beginnt Maren Karcher am Telefon. Tobias sei sieben. Und er wirke traurig. «Ich arbeite nämlich viel. Das macht mir ja auch Spaß. Und schließlich muss ich Geld verdienen. Und dann hat er noch eine prima Tagesmutter. Aber Tobias macht keinen glücklichen Eindruck. Und ich glaube, es liegt daran, dass ich ihn so lange allein lassen muss.»

Sie sei vom Schulleiter geschickt, eröffnet Sabine Schneider die Beratung. Es gehe um Tabea, die 13-jährige Tochter, die ein paar Mal geklaut habe. «Sie hat sich erwischen lassen. Es ging eigentlich nur um kleinste Beträge.» Sie machte eine Pause, fährt sich mit ihren Händen durch das Haar. «Und dann hat sie jetzt ein paar Mal die Schule geschwänzt. Oder sie ist zu spät in den Unterricht gekommen, weil sie verpennt hat.» Sie sieht mich mit einer Mischung aus Traurigkeit und Trotz an: «Der Schulleiter sagt, das komme davon, dass Tabea keinen männlichen Gegenpart habe. Ich erziehe allein, müssen Sie wissen!» Sie stockt: «Und vielleicht fehlt ihr ja wirklich mal eine harte Hand. Ich weiß es nicht. Könnten Sie nicht mit Tabea reden?» Sie lacht: «Auf Sie wird meine Tochter vielleicht hören!»

Ihr 5-jähriger Jan-Ole spiele nur mit Monsterfiguren, er schießt und ballert herum. So beschreibt Carmen Meins die Sorgen, die sie mit ihrem Sohn hat. Als ich auf die altersangemessene Normalität solcher Spiele verweise, runzelt sie die Stirn, schüttelt den Kopf. Nein, das glaube sie nicht, erwidert sie ruhig. «Ich muss Ihnen noch etwas erklären.» Sie sieht mich an: «Ich bin allein erziehend. Und ich meine, dass er in diesen Figuren etwas auslebt, was ich ihm nicht bieten kann. Ich glaube, ihm fehlt die männliche Bezugsperson!» Sie sieht mich an. Vielleicht wäre die Trennung einfach zu früh gekommen. «Ich hätte vielleicht noch warten sollen, bis Jan-Ole im Teenageralter gewesen wäre. Dann hätte er das eventuell einfacher verkraftet!»

Wenn Alleinerziehende – und es sind in der Mehrzahl Frauen – in die Beratung kommen, fällt mir auf: Sie führen Schwierigkeiten, die die Kinder haben oder machen, auf ihr Single-Dasein zurück, darauf, dass den Kindern ein männlicher Ansprechpol fehlt. Und da Alleinerziehende dieses – auch von der Umwelt geprägte – Bild nahezu verinnerlicht haben, kommt es nicht selten zu einer sich selbst erfüllenden Prophezeiung: Da man glaubt, man habe versagt und dem Kind etwas genommen, was es zu seiner Entwicklung braucht, tritt das negative Ereignis fast automatisch ein.

Dabei zeigen Befragungen und wissenschaftliche Untersuchungen: Kinder aus Ein-Eltern-Familien sind nicht verhaltensauffälliger, gewaltbereiter oder zeichnen sich häufiger durch Schulversagen aus. Ein-Eltern-Familien gehören inzwischen zur Normalität, wachsen doch mittlerweile nahezu 2,6 Millionen Kinder nur mit der Mutter oder dem Vater auf. Und da etwa ⅔ aller Heranwachsenden mit der Mutter leben, die zudem noch für den Lebensunterhalt sorgt (ergänzt durch väterliche Zahlungen), soll diese Gruppe im Mittelpunkt meiner Betrachtungen stehen.

Obwohl Ein-Eltern-Familien alltäglich sind, beherrschen Vorurteile das Alltagsbewusstsein. Da steht die Behauptung im Raum, Kinder Alleinerziehender zeichneten sich durch schlechtere Schulleistungen aus. Zweifelsohne kann es im Verlauf der Trennung und Scheidung dazu kommen, dass Heranwachsende andere Prioritäten im Leben setzen, als ausgerechnet der Schule besondere Aufmerksamkeit zu schenken. Kindern geht es dann primär darum, sich mit dem Abschied von einem Elternteil auseinander zu setzen oder sich im Alltag neu einzurichten. Sie konzentrieren sich darauf, gefühlsmäßig zu überleben. Da bleibt für den Unterricht und die Hausaufgaben meist nur wenig Zeit. Und manchmal versuchen Kinder – bewusst oder unbewusst – die getrennt lebenden Eltern zusammenzuführen, indem sie sich als schulisches Sorgenkind darstellen: Dann tauchen die Eltern auf Versammlungen und Sprechtagen auf, um sich um das gemeinsame Kind zu kümmern.

Meine Beobachtung: Je selbstverständlicher sich der allein erziehende Elternteil mit der Situation des Getrenntlebens arrangiert hat, umso selbstbewusster und eigenständiger gehen Kinder auch damit um, umso sicherer richten sie sich ihr Leben ein und umso eigenständiger bewältigen sie die Schule. Zwei Gedanken haben Alleinerziehende allerdings zu berücksichtigen: Nicht selten sacken die schulischen Leistungen des Kindes zwischen dem 11. und 15. Lebensjahr ab, droht die Wiederholung einer Klassenstufe. Dies hat weniger mit der allein erziehenden Mutter (oder dem Vater) und möglichen Versäumnissen in der Erziehung als vielmehr mit dem Beginn der Pubertät zu tun. Anstatt die Ursache für jedwede Abweichung von der Normalität sofort und ausschließlich bei sich zu suchen, sollte man entwicklungspsychologische Abläufe des Kindes nicht außer Acht lassen. Das ist manchmal einfacher geschrieben als getan – ist doch das schlechte Gewissen, dem Kind mit der Trennung etwas angetan zu haben und nun die Quittung dafür zu bekommen, ein ebenso unerbittlicher wie selbstgerechter Ratgeber.

Ein anderer Hinweis: Kommt es zu Problemen in der Schule, z. B. mit Unpünktlichkeit oder mit Hausaufgaben, dann kann das mit einer fehlenden Alltagsorganisation – und das ist für manche Alleinerziehende ein Problem – zusammenhängen. Die Mutter des 12-jährigen Max sorgte sich, weil dieser wiederholt verspätet oder gar nicht in der Schule erschien. Max war ein Langschläfer. Die Mutter verließ das Haus frühmorgens, um zu arbeiten. Max stand mit dem Wecker auf, überhörte diesen häufig und verpasste dadurch den Schulbus. Da das schon ein paar Mal passiert war und man ihm die Ausrede («Ich hab einfach den Wecker überhört!») nicht mehr glaubte, blieb er lieber gleich zu Hause. Max' Verhalten war von Scham und Trotz gleichermaßen gekennzeichnet. Die Mutter sorgte sich nun um die schulische Laufbahn ihres Sohnes. Sie änderte ihren Tagesablauf, weil Max meinte, es sei so schwierig für ihn, allein aufzustehen. Sie verließ die Wohnung erst, nachdem sie Max geweckt hatte. Max' Verspätungen hatten ein Ende.

Bei Bernhard führten die Hausaufgaben zum Stress in den häuslichen Beziehungen. Bernhards Mutter kontrollierte diese jeden Abend und fand immer ein Haar in der Suppe. Meist fragte sie noch gestresst Vokabeln ab, regte sich über Eselsohren in seinen Heften oder über seine unleserliche Schrift auf. Und konnte Bernhard sein Hausaufgabenheft nicht finden, war das der Einstieg zu einem Riesenzoff. Das Ende vom Lied: Bernhard verweigerte die Hausaufgaben oder belog seine Mutter. Die Situation eskalierte, zumal die Lehrer die Mitarbeit der Mutter einforderten. Trotzdem sackte Bernhard in seinen schulischen Leistungen dramatisch ab. Und auch die häusliche Atmosphäre verdüsterte sich.

Er kam in die Beratung. Auf meine Frage, *wann* er die Hausaufgaben machen würde, antwortete er: «Bei meinem Freund und dessen Mutter. Die ist einfach ruhiger!» Ich muss ihn verwundert angesehen haben, denn er meinte: «Ich seh meine Mutter nur kurz am Tag, und ich glaub, es gibt dann doch Schöneres, als sich über die Schule zu streiten.» Die Kontrolle der Hausaufgaben wurde verändert: Bernhard machte diese bei seinem Freund, dessen Mutter überprüfte alles. Und einmal in der Woche berichtete Bernhard seiner Mutter von der Schule, legte seine Arbeiten und Hausaufgaben vor. Die Situation entspannte sich zunehmend. Bernhards Mutter war erleichtert, obgleich da «ein Gefühl blieb, diese Situation nicht gepackt, wieder einmal versagt zu haben. Man ist eben nicht zufrieden, selbst wenn das Ergebnis positiv ist. Man meint ja, man habe zu wenig Zeit für das Kind. Und dann tut man sein Bestes und kommt mit einem Mal vom Regen in die Traufe.»

Hier ist ein weiteres Vorurteil angesprochen: Der Beruf raube allein erziehenden Müttern die Kraft, sich ausgiebig um die Kinder zu kümmern. Allein erziehende Berufstätige haben jedoch eine ähnlich intensive Beziehung zu ihren Kindern wie andere Mütter – auch wenn das Zeitquantum nicht so hoch ausfällt. Doch dieser Nachteil wird durch andere Gesichtspunkte ausgeglichen: Der Beruf schafft ökonomische Selbständigkeit und Unabhängigkeit, der Job gibt Selbstbewusstsein und Identität, und er baut einen Abstand zur Familie auf.

Dazu nochmals Maren Karcher, Tobias' Mutter: «Also ich traue mich nicht, es zu sagen: Aber diese Stunden im Büro, die tun mir gut. Das gibt Kraft. Und dann freue ich mich auf den Jungen. Aber wenn er dann morgens so traurig guckt, das macht mir zu schaffen. Oder wenn er so zögerlich, so in sich gekehrt ist, dann denke ich, ich bin schuld, weil ich nur an mich denke. Das ist schon ein verdammter Teufelskreis!» Und sie fügt hinzu: «Ich mag ja meinen Beruf. Da engagiere ich mich. Aber jeden Tag alles unter einen Hut zu bringen, das ist fast ein Kunststück, mit dem man im Zirkus auftreten könnte.»

Die Mutter spricht hier einen wichtigen Gesichtspunkt an: Es ist weniger die Berufstätigkeit, die Kindern zum Nachteil gereicht, es ist die Alltagsorganisation, die Erwerbstätigkeit, Hausarbeit und Erziehung vereinbaren muss und die den Stress mit sich bringt. Alleinerziehende sind nicht selten eingezwängt in einen engen Zeitplan, den man nur mit viel Disziplin, Flexibilität und Kreativität einhalten kann – und der subjektiv das Gefühl hinterlässt: «Ich bin nicht da, wenn mein Kind mich braucht!» Die knappe Zeit fordert die Alleinerziehenden heraus und überfordert sie nicht selten: Kinder müssen in der Tagesstätte, im Hort, bei Freunden, bei Oma und Opa untergebracht werden, man muss sie zwischen Arbeitsschluss und Schlafenszeit abholen, muss noch was unternehmen, Aufgaben kontrollieren, die Kinder ins Bett bringen. Und je jünger das Kind ist, umso schwieriger wird die Koordination. Und dann ist da noch die Hausarbeit. Zeit zum Genuss, Zeit für sich, bleibt da kaum. Und so opfern sich nicht wenig Alleinerziehende auf, da auf keinen Fall das Kind zu kurz kommen soll.

Die Traurigkeit und Nachdenklichkeit, die Kinder von Alleinerziehenden manchmal zeigen, sind ein Spiegel der konkreten Situation. Und anstatt dies zum Anlass zu nehmen innezuhalten, versucht man, kindliche Traurigkeit zu vertreiben, und gerät noch mehr in den Schlamassel: Man wird noch hektischer, noch nervöser, noch umtriebiger, noch ungeduldiger. Allein erziehende Mütter sollten bedenken: Nur wenn sie ausgeglichen sind, zu ihrer Situation stehen, ist ihr Kind ausgeglichen und akzeptiert den Alltag. Meine Tipps für Alleinerziehende:

- Setzen Sie Prioritäten im Alltag! Sie müssen nicht jeden Tag den Haushalt auf Hochglanz bringen!
- Lassen Sie mal fünf gerade sein! Machen Sie «Chaos-Tage» mit Ihrem Kind, mit Freunden oder für sich alleine! Auch wenn

der Geldbeutel keine großen Sprünge zulässt, kann man viel Spaß haben: Wer den Alltag für Stunden loslässt, kann ihn hinterher stärker genießen!

- Vergleichen Sie sich nicht ständig mit anderen! Stehen Sie zu Ihrer Situation! Bedenken Sie: Ein So-ist-es-Gefühl stärkt, eine Oh-wie-schade-Traurigkeit schwächt!
- Schaffen Sie sich ein soziales Netzwerk aus Verwandten, Freundinnen und Gleichgesinnten, bei denen Sie sich ausquatschen können, die Sie emotional und materiell unterstützen. Wer nur isoliert in seiner Wohnung sitzt, eingespannt in Arbeit, Kindererziehung und Haushalt ist, dreht sich irgendwann im Kreise.

Diese Tipps sind nicht leicht zu realisieren. Aber Gespräche entlasten, tragen dazu bei, sich nicht jeden Schuh anzuziehen, selbst solche, die einem nicht passen. Dies gilt insbesondere für ein weiteres Vorurteil: den Zusammenhang von Verhaltensauffälligkeit der Kinder und ihrem Aufwachsen in einer Ein-Eltern-Familie. Zweifelsohne gibt es Kinder und Jugendliche, die von Alleinerziehenden großgezogen werden und die sich durch Stehlen, Körperverletzung, Sachbeschädigung oder durch autoaggressive Akte in das Blickfeld der Öffentlichkeit bringen wollen. Schaut man bei diesen Kindern und Jugendlichen genauer hin, dann ist deren Lebenswelt durch elterliches Desinteresse, durch emotionale Verwahrlosung gekennzeichnet, durch Rahmenbedingungen mithin, die es in vollständigen Familien ebenso gibt und die dort das gleiche fatale Resultat haben: halt- und orientierungslose Heranwachsende, die mit Wort und Tat um sich schlagen, um auf sich aufmerksam zu machen.

Es empfiehlt sich, bei grenzüberschreitenden Regelverletzungen genauer auf Motive und Handlungsgründe einzugehen, anstatt sofort nach vereinfachenden Ursache-Wirkung-Ketten zu suchen. Dazu nochmals Sabine Schneider mit Tochter Tabea, die «kleinste Beträge klaute». Als ich Tabea danach frage, was sie damit bezwecken wollte, zuckt sie die Schultern: «Gar nichts!» Dann fügt sie hinzu: «Das war doch so einfach. Da hat ja keiner was gesagt. Und ich hab meiner Mutter auch was genommen. Die hat's natürlich auch nicht gemerkt!» Wann sie denn von alleine aufgehört habe, will ich wissen. «Es hätte nur einer merken müssen. Aber die sind ja mit ihren Gedanken sonst wo!» – «Und was hast du mit dem Geld gemacht?», bin ich neugierig. «Hab ich zum Taschengeld dazugelegt, um mir Schminksachen zu kaufen!» – «Aber du hast doch Geld genug!», greift die Mutter ein. «Hab ich nicht. Ich wollte das Taschengeld schon immer erhöht haben!» Die Mutter schüttelt unwillig den Kopf: «Damit du dir noch mehr von diesen blöden Lippenstiften kaufen kannst!» – «Jetzt hab ich sie ja», triumphiert Tabea. «Sogar zwei! Einen geklauten und einen gekauften!»

Statt Tabeas Stehlen monokausal und vorschnell auf familiäre Hintergründe zurückzuführen, liegen ihre Handlungshintergründe auf der Hand: Da ist einerseits eine pubertätsbedingte Tabuverletzung. Tabea klaut, probiert aus, wie weit sie gehen kann. Da keiner ihre Grenzüberschreitung ernst nimmt, fühlt sie sich durch solche Missachtung ermutigt. Erst als sie erwischt wird, hört sie mit dem Stehlen auf.

Da ist andererseits ein Beziehungskonflikt. Tabea hatte um Taschengelderhöhung gebeten. Obgleich die Mutter im Prinzip damit einverstanden war, verweigerte sie sie ihr, weil diese das Geld für – aus mütterlicher Sicht – unpassende Konsumartikel verwenden würde. Dies empfand Tabea – mit Recht – als Missachtung ihrer Person und als Eingriff in die Freiheit, ihr Taschengeld autonom zu verwenden. Da man ihr diese Freiheit nicht zugestand, trat sie mit der Mutter in einen Machtkampf, führte sie vor: «Die sollten mich schon erwischen, ich hab mich ja wirklich blöd angestellt. Und ich wusste, wenn ich dann bei der Polizei bin, würde meine Mutter sich schämen.»

Tabea rächte sich mithin an der Mutter, weil diese sie «immer noch wie ein kleines Kind behandelt. Dabei bin ich doch schon viel größer.» Als wir uns darauf einigten, das Taschengeld etwas zu erhöhen, die Mitsprache der Mutter bei dessen Verwendung völlig zu beschneiden, hatte Tabea keinen Grund mehr, sich kleinste Beträge zusammenzuklauen! Allerdings fiel die Taschengelderhöhung auch nicht so aus, wie Tabea es wollte. Es blieb ein Differenzbetrag, den sie dadurch ausgleichen sollte, indem sie etwas dazuverdiente. «Aber nicht durch Selbstbedienung, hörst du», ermahnte die Mutter. Tabea lächelte: «Aber dann darf man es mir auch nicht so einfach machen.»

Stephanie Jakob, Mutter des 14-jährigen Boris, hatte Kummer mit ihrem Sohn. Er sprühte Graffiti. Mit Vorliebe an öffentliche Gebäude – so auch an seine Schule. «Zwar gab mir keiner die Schuld. Aber man hörte doch zwischen den Zeilen, dass ich mitverantwortlich bin.» Sie wirkt nachdenklich: «Ich hab ja auch viel versucht, hab mit ihm geredet, gesagt, wenn er das weitermacht, muss ich finanziell dafür geradestehen. Und das bei dem wenigen Geld, das wir haben. Ich hab immer und immer wieder an sein Gewissen appelliert. Nichts hat geholfen. Zwar entschuldigte er sich bei mir, wirkte zerknirscht, sagte, dass er mich lieben würde.» Sie sieht mich an: «Und dann fehlt mir der Mut, klar zu sein. Einfach mal konsequent sein, ihn auf die Fresse fallen lassen.» Sie sieht mich fragend an: «Vielleicht kann das nur ein Mann! Und uns fehlte ja der Mann im Hause!»

Wie sie das meine, will ich wissen. Und schien sie eben noch introvertiert, ging nun ein Ruck durch sie hindurch, sie wirkt aufgebracht: «Also, da fehlt wirklich ein Mann! Ich glaub das wirklich. Eines Tages hat mein Bruder ihn erwischt, wie er gerade wieder an der Schule Graffiti sprühte. Mein Bruder ist aus dem Auto, hat ihn sich geschnappt und vor die Wahl gestellt: entweder Polizei oder morgen mit dem Hausmeister alles abwaschen. Boris war so klein», sie deutet es mit den Fingern an, «so klein mit Hut. Der hat am nächsten Tag die Schmierereien ganz alleine abgewaschen. Und ob Sie's glauben oder nicht», sie macht eine bedeutungsvolle Pause, «Schluss war's mit der Schmiererei!» Nun hat sie wütende Flecken auf der Stirn: «Und jetzt sagen alle, siehste, da hat der Mann gefehlt. Aber soll ich mir einen schnitzen, nur weil mein Sohn so rumsaut?» Sie tippt sich an die Stirn: «Ich bin doch nicht blöd!»

«Aber dass dein Sohn aufgehört hat», entgegnet Ina Schrader, allein erziehende Mutter zweier Kinder, «liegt doch nicht an deinem Bruder. Du warst vorher inkonsequent, hast permanent rumgelabert. Du hast es doch nur im Guten versucht! Wenn du vorher klarer gewesen wärest, hättest du auch Erfolg gehabt. Aber wir Alleinerziehenden wollen wohl manchmal eher leiden als unsere Stärke zeigen. Und dann wollen wir noch ständig geliebt werden. Aber das tun Kinder eben nicht jede Sekunde. Manchmal hassen die einen sogar. So ist das! Und den fehlenden Partner können wir sowieso nicht ersetzen! Niemals! Aber wir können klar sein. Und das hilft den Kindern!»

Nun gibt es Entwicklungsphasen, in denen Kinder den männlichen oder weiblichen Gegenpart vermissen. Und manchmal versuchen sie dann, die getrennt lebenden Eltern zusammenzuführen. Sie probieren die unterschiedlichsten Mittel aus: Die einen werden krank oder sind in Unfälle verwickelt, damit sich Eltern am Krankenbett zusammenfinden; die anderen fallen in der Schule auf und zwingen Eltern dazu, sich um die schulischen Probleme und Versäumnisse gemeinsam zu kümmern, die dritten machen sich in der Öffentlichkeit durch Regelverletzungen bemerkbar, deren Bewältigung einen Partner überfordert und so den abwesenden mit in die Konfliktlösung hineinzieht.

Kindern von Alleinerziehenden hilft es deshalb, wenn sie sich über die Endgültigkeit der Trennung im Klaren sind, sie um die Vergeblichkeit wissen, nicht mehr zusammenzufügen, was nicht mehr zusammengehört. Und für Alleinerziehende gehört zur Klarheit, den Expartner weder niederzumachen noch zu idealisieren. Das bringt Kinder in Loyalitätskonflikte. Auch wenn Eltern sich getrennt haben, die Paar-Ebene nicht mehr existiert, die Elternschaft gibt es nach wie vor: Man lebt zwar getrennt, versorgt aber gemeinsam – wenn auch in unterschiedlichen Räumen und zu anderen Zeiten. Dieser Gedanke kann Alleinerziehende entlasten, den Druck nehmen, den fehlenden Partner unbedingt ersetzen zu müssen.

Und in diesem Zusammenhang ist ein weiterer Gedanke wichtig: Fehlt der männliche Teil, sucht sich das Kind den Gegenpart – sei es den Vater des Freundes, den Großvater, den Übungsleiter im Sportverein, den Nachbarn oder, wie bei Boris, den Onkel. Diesen Gegenpart in seiner Bedeutung anzunehmen, ihm die eine oder andere Erziehungsaufgabe (nicht die Erziehungsverantwortlichkeit!) zu übertragen, stellt kein Zeichen von Schwäche, vielmehr ein Zeichen von Souveränität, Gelassenheit und Stärke dar. Nicht selten liegt dem Gedanken, dem Kind partout den Vater ersetzen zu müssen, zugrunde, allen zu zeigen, man packe es alleine. Und damit baut man sich selbst eine Falle.

Gerade weil man unter dem kritischen Blick der Öffentlichkeit erzieht, gerade weil Vorurteile so groß sind, will man absolut fehlerfrei und perfekt sein. Dies führt zu einer absoluten Überforderung der Alleinerziehenden, die nur noch an das Kind denken. Die Folge ist eine starke Fixierung auf das Kind. Wenn Alleinerziehende Schuldgefühle zur Basis ihres erzieherischen Handelns machen, dann sind sie leicht erpressbar. Es gilt, Prioritäten zu setzen, sich Freiräume, auch kinderfreie Zeiten zu nehmen, den Mut zur Unvollkommenheit zu entwickeln, ein soziales Netzwerk herzustellen. Vor allem aber: Erkennen Sie die Warnzeichen Ihres Körpers. Dieser reagiert auf ständige Überforderung äußerst sensibel.

«Ich musste mich erst dazu durchringen, allein zu erziehen», so sieht es Anke Thomas, Mutter von drei Kindern. «Das war ein schwerer Schritt. Aber ich war eigentlich auch schon früher allein erziehend. Mein Mann war ja nie da. Und wenn er zu Hause rumturnte, hat er alles durcheinander gebracht, weil er einfach vieles besser wusste, meinte er jedenfalls. Und nichts konnte man ihm recht machen. Wir passten irgendwann nicht mehr zusammen. Gut, mir fehlt jetzt hin und wieder ein Ansprechpartner. Aber diese lästigen und bösen Auseinandersetzungen, die sich ja nicht nur um die Kinder drehten, die entfallen nun.» Sie stockt: «Ich könnte mir vorstellen, wieder mit einem Mann zusammenzuleben. Nur müssen dann die Aufgaben partnerschaftlich verteilt sein. Ich möchte ein Stück Unabhängigkeit behalten. Und dann muss er natürlich die Kinder akzeptieren!» Sie lacht: «Ich gehe hin und wieder an Teichen vorbei. Dort sind Frösche. Die mag ich gerne leiden. Aber bis jetzt war noch kein König da drin!»

Alleinerziehende sehen bei allem alltäglichen Stress in der überwiegenden Mehrheit Vorteile: Da ist das Gefühl, eine krisenhafte Situation gemeistert zu haben, da ist das Besinnen auf eigene Fähigkeiten, das wachsende Selbstbewusstsein und die Einschätzung, zu den Kindern in eine stabile Beziehung zu treten. Diese Vorteile lassen sich aber nur leben, wenn sich eine So-ist-es-Einschätzung ausgebildet hat, die sich über das Gefühl, versagt oder den Kindern etwas genommen zu haben, durchzusetzen beginnt.

Alleinerziehende, die dagegen nur die positiven Aspekte ihrer Situation herausheben, die problematischen Anteile des Alltags nicht wahrhaben wollen oder verdrängen, zeigen freilich, dass sie sich mit ihrer Situation nicht wirklich auseinander gesetzt haben. Denn zum Selbstbewusstsein von allein erziehenden Müttern gehören auch Widersprüche, zählen Phantasien, die Anke Thomas so ausgedrückt hat: «Manchmal habe ich doch die Vorstellung, wenn jetzt ein Mann da wäre, wäre es schön, wenn er dich in den Arm nehmen würde. Und seitdem ich mir das zugestehen kann, weiß ich, wie gut ich mit meiner Situation zurechtkomme!»

12. Die Rituale der Trennung

«Für mich brach damals», erinnert sich Claudia Reinders, jetzt 20 Jahre alt, «eine Welt zusammen, als meine Eltern sich trennten. Es war ein Schock. Ich habe gebetet, dass sie irgendwann wieder zusammenleben. Aber das war natürlich nichts!» – «Ich hab nicht nur gebetet», so Dominik Andresen, «ich hab alles getan, dass sie sich wieder vertragen. Ich hab die Schuld wegen der Trennung bei mir gesucht. Und deshalb war ich mit einem Male ganz brav. Ich hab nichts mehr gemacht. Ich dachte ja, mein Vater geht, weil ich es war, weshalb sich meine Eltern stritten. Und ich meinte, wenn ich lieb bin, haben die sich auch lieb.»

«Ich war», so rückblickend Monika Bremer, «aggressiv, habe viele Sachen angestellt. Einmal haben mich meine Eltern sogar von der Polizeistation abgeholt. Mein Vater war schon längst ausgezogen und ist drei Stunden mit dem Auto gefahren, um mich bei der Polizei abzuholen und mit mir nach Hause zu fahren. Als ich die beiden gesehen habe, habe ich geheult, war ich froh, weil ich dachte, nun wird alles wieder gut. Aber nichts war. Mein Vater machte meiner Mutter nur noch schlimmere Vorwürfe. Sie wäre an allem schuld. Und das dachte ich auch. Und dann war ich zornig und wütend auf sie!»

«Wenn ich an die Trennung meiner Eltern zurückdenke, das ist nun schon 15 Jahre her», erzählt der 20-jährige Christopher Jakob, «dann fällt mir nur die große Apathie ein, in die ich gefallen bin. Ich konnte an nichts mehr denken, war nur verzweifelt, fühlte mich in einem tiefen schwarzen Loch, aus dem ich mich niemals mehr würde befreien können. Und ich fühlte mich völlig allein gelassen, so wie Hänsel und Gretel im Wald.»

«Ich kann das mit dieser Depression, mit dieser Niedergeschlagenheit so nicht teilen», meint der gleichaltrige Bernd Weber, «für mich war das eine Befreiung, als mein Vater endlich auszog. Ich verkläre das jetzt nicht nachträglich. Endlich war Schluss mit diesen Streitereien, mit diesem Nerv. Ich hab richtig aufgeatmet. Vor allem auch, weil ich spürte, meine Eltern bleiben nur meinetwegen zusammen. Und dabei hätten sie sich schon längst trennen können.»

So äußern sich junge Erwachsene über elterliche Trennungen, die sie im Kindesalter erlebt haben. Vater und Mutter bedeuten für Kinder die emotionale und materielle Versorgung, sie garantieren Sicherheit, auf sie kann man sich verlassen, selbst dann noch, wenn die Welt untergeht. Solch positives Elternbild schafft Vertrauen, gibt Kindern Kraft und Selbstbewusstsein. Trennungen erschüttern das positive Bild von Vater und Mutter. Und deshalb versuchen Heranwachsende, Trennungen oder Scheidungen zu verhindern. Sie beten, verfallen in Tagträume, in denen sie Vater, Mutter und sich zusammen sehen, sie lenken von bevorstehenden Trennungs- und Scheidungsabsichten durch Krankheit, Unfall oder andere Auffälligkeiten ab, suchen die Schuld für elterliche Zerrüttungen gar bei sich und versprechen Wohlverhalten, nur damit ihre Eltern zusammenbleiben. Aber zugleich gibt es eine kleine Zahl von Heranwachsenden, die das Auseinandergehen von Eltern als Befreiung empfinden, weil eine Last von ihnen abfällt.

Eltern wissen um die gefühlsmäßigen Einflüsse, die Trennungen mit sich bringen. Viele bleiben um der Kinder willen zusammen, zögern die Trennung und damit das Chaos hinaus. Manche Eltern sind gar der Meinung, ältere Kinder könnten mit Trennungen besser umgehen, und schieben die Scheidung so lange vor sich her, bis die Kinder in der Pubertät sind, in der Hoffnung, diese würden dann weniger leiden, würden die elterlichen Motive besser verstehen. Das ist ein Trugschluss. Wenn Eltern sich als Paar nicht mehr verstehen, wenn Meinungsverschiedenheiten den Alltag beherrschen, spüren Kinder dies genau. Wird dann nicht offen über die Situation geredet, sehen Kinder sich als Sündenbock. Sie reagieren mit Wohlverhalten oder mit Traurigkeit, sie nehmen kleinkindliche Züge an, oder sie drücken ihre Unsicherheit durch Aggressivität aus: Sie agieren voller Wut, mit Zorn, fallen durch (selbst-)zerstörerische Handlungen auf. Versucht man um der Kinder willen zusammenzubleiben, dann kostet dies aber auch viel Kraft, die am Ende der Beziehung zum Kind fehlt.

Partnerschaftsprobleme sind Energieräuber ohnegleichen, man investiert in ein nie versiegendes schwarzes Loch, ohne aufbauende, konstruktive Resonanz zurückzubekommen. Und so schmerzhaft, tränenreich und aufwühlend elterliche Trennungen sind, Kinder brauchen Klarheit. Und dies selbst dann, wenn sie wehtut. Solche Klarheit kann bedeuten, Kinder von der selbst auferlegten Aufgabe zu befreien, die Beziehung der Eltern zu kitten. Kinder wissen, woran sie sind und was sie zu verarbeiten haben. Sie können sich ohne Wenn und Aber auf die neue Situation einstellen.

Doch das ist schneller geschrieben als akzeptiert. Denn um das gewohnte Leitbild «Vater-Mutter-Kind» durch ein anderes zu ersetzen, braucht es Zeit – und dies gilt für alle Beteiligten. Für Kinder ist dabei das Gefühl wichtig: Auch wenn Vater und Mutter auseinander gegangen sind, bleiben sie Vater und Mutter. Diesen Grundgedanken muss das Kind verinnerlichen. Es hat nach wie vor Vater und Mutter, die sich gemeinsam oder einzeln bemühen, Erziehungsverantwortung zu übernehmen. Zwar bedeutet die Trennung, dass ein gemeinsamer Lebensweg zu Ende, der Versuch, das Kind zusammen großzuziehen, schief gegangen ist, aber man kann solche Krisenmomente auch als Chance betrachten.

Vermitteln Eltern Kindern im Prozess der Trennung das Gefühl, dass auch in der neuen Situation Geborgenheit und Sicherheit möglich ist, lernt das Kind, damit umzugehen. Je mehr an und um das Kind gezerrt, je mehr es für elterliche Zwecke funktionalisiert wird, umso heftiger fallen die kindlichen Reaktionen aus. Aber «gute» Trennungen, schmerzfreie Amputationen gibt es nicht. Kinder reagieren; auch wenn sich die Eltern noch so sehr bemühen, sich einvernehmlich zu trennen, versuchen, zusammenzuarbeiten, sich nicht gegenseitig auszuspielen oder auszustechen. Abschiede tun weh, sind mit Trauer verbunden, verlaufen tränenreich.

Alexander war 5 Jahre, als seine Eltern sich trennten. Er zeigte zunächst keine Symptome, fraß vielmehr vieles in sich hinein, wirkte still, fast apathisch. Bemühungen seiner Erzieherinnen, ihn aufzumuntern, halfen nicht. Im Gegenteil: Er zog sich immer mehr zurück. Und obgleich sich seine Eltern bemühten, den Prozess der Trennung so erträglich wie möglich zu machen: Alexander trug die Trauer mit sich herum wie eine zweite Garnitur Wäsche. Nach etwa einem halben Jahr schlug seine Verzweiflung in zerstörerisches Verhalten um: Er griff ohne Vorwarnung andere Kinder an, beschädigte Sachen.

Die Erzieherinnen reagierten mit großer Nachsicht, die Alexander aber nicht besänftigte, im Gegenteil. Alexander fühlte sich nicht ernst genommen, provozierte weiter, übertrat mutwillig Regeln, um endlich Grenzen gesetzt zu bekommen. Als auch Alexanders Mutter mit Verständnis reagierte, die Schuld bei sich suchte, wurde sie Zielscheibe seiner Aggressionen. Nichts konnte sie ihm recht machen, er trieb sie zur Weißglut. Wenn sie dann außer sich vor Wut war, erklärte Alexander: «Du hast mich nicht mehr lieb!» Hatte er sie in den Zustand völliger Verzweiflung gebracht, meinte er fast beruhigend: «Ich hab dich aber lieb!»

Dieses Wechselbad der Gefühle, das die Mutter nur schwer

aushielt, ging einher mit einer Idealisierung des ausgezogenen Vaters. Der Vater blieb die grandiose Person, die für den Sohn alles richtig machte. Aber dann wandelte sich Alexanders Bewunderung von einem Tag zum anderen. Er versuchte, seinen Vater gegen die Mutter auszuspielen: Wenn er bestimmte Dinge nicht bekäme, würde er ihn nicht mehr besuchen. Der Vater zeigte sich weiter konsequent. Alexander kam nach wie vor zu Besuch – wenn auch häufig widerwillig und manchmal von der Mutter mit sanftem Nachdruck geschickt.

Mittlerweile ist Alexander 11 Jahre alt. Die Situation hat sich beruhigt, zu beiden Elternteilen hat er eine Balance von Nähe und Distanz entwickelt. Er hat sich nicht allein mit der Trennung arrangiert, er hat das So-ist-es akzeptiert: «Natürlich bin ich manchmal noch traurig und denk, warum haben sie das nicht geschafft und sind zusammengeblieben. Aber ich seh auch das Gute. Wenn ich bei Papa bin, dann hab ich ihn ganz, und dann nervt Mama nicht rum. Und wenn ich bei Mama bin, hat sie keinen Stress mit Papa wie früher. Und dann hab ich ja auch gedacht, ich sei schuld, wenn die sich streiten. Weil Mama schon manchmal gesagt hat, sie hätten sich wegen mir gestritten.»

Anders verlief die Auseinandersetzung mit dem elterlichen Trennungsprozess bei Mareike Sulzer. Sie war 12 Jahre, als der Vater auszog. Sie verkroch sich in ein Schneckenhaus, war nicht ansprechbar, kapselte sich ab. Elterliche Hilfestellung nahm sie ebenso wenig an wie professionelle Begleitung durch einen Therapeuten. Diese Phase, in der sie mit niemandem Kontakt haben wollte, zog sich hin bis zum sechzehnten Lebensjahr. Einzig zwei Freundinnen waren ihre Gesprächspartnerinnen. Sie flüchtete in die Welt des Trivialen, verschlang jede Menge Heftchen-Romane, zog sich Hollywood-Schinken rein. Die Eltern machten sich Sorgen. Zwar besuchte Mareike ihren Vater regelmäßig, aber er hatte keine Chance, eine normale Beziehung zur Tochter aufzubauen. Nach etwa 3½ Jahren «taute», wie die Mutter sagte, «Mareike auf, aber anders, als wir gehofft hatten». Sie entwickelte ungeheuere Aggressionen gegenüber der Mutter, wollte auch ihren Vater nicht mehr sehen. Besuchstermine ließ sie platzen, verweigerte die Mithilfe im Haushalt, beschimpfte die Mutter, äußerte nur noch das Notwendigste. Wenn die Mutter weiter Forderungen stelle, so drohte Mareike, würde sie zum Vater ziehen.

Als diese Nötigung sich häufte, gab es ein Gespräch zwischen den drei Beteiligten in Anwesenheit eines Vermittlers. Der Vater erklärte sich bereit, die Tochter zunächst für vier Wochen aufzunehmen. Dies war möglich, da Mareike ihre gewohnte Schule besuchen konnte und auch die Freundinnen in der Nähe lebten. Schon nach 14 Tagen, als sie merkte, dass sie auch beim Vater mitarbeiten musste, Pflichten zu erfüllen hatte, wollte sie wieder nach Hause. Mareike musste freilich die restlichen Tage beim Vater verbringen, weil es so abgemacht war.

Ein halbes Jahr später baute sich weitere Spannung auf: Mareike bekam ein Handy geschenkt, telefonierte im ersten Monat für knapp 2000 Mark. Sie bezahlte die fällige Rechnung nicht, ließ Mahnungen verstreichen. Der Gerichtsvollzieher drohte. Beide Eltern sprangen schließlich ein, beglichen die Schulden, verpflichteten Mareike aber zu arbeiten, um den Eltern die verauslagte Geldsumme zurückzahlen zu können. Mareike stimmte dieser Abmachung – wenn auch fluchend und widerwillig – zu. Danach beruhigte sich die Situation allmählich. Mareike ist heute 19, trägt sich mit dem Gedanken auszuziehen. Die Besuchsregelung zum Vater gestaltet sie flexibel, weil sie in der Berufsausbildung ist. Sie legt allerdings großen Wert darauf, einmal im Jahr mit ihm in den Urlaub zu fahren. Und auch die Beziehung zur Mutter hat sich völlig entspannt. Mareike gibt der Mutter auf eigenen Wunsch Haushaltsgeld, das sie von den Unterhaltszahlungen des Vaters abzweigt.

Heranwachsende verarbeiten Trennungen höchst unterschiedlich. Manche Kinder durchleben bestimmte Phasen besonders intensiv, verweilen dagegen in anderen nicht sehr lange. Dies hat mit dem Alter des Kindes ebenso zu tun wie mit dem Temperament, dem Entwicklungsstadium, das ein Kind gerade durchläuft, oder der Art und Weise, wie die Eltern mit der Trennung umgehen.

Drei Trauerphasen kann man unterscheiden:

- Da ist zunächst die Schockphase. Ein Kind verdrängt das Ereignis, will es nicht wahrhaben, reagiert mit Traurigkeit und Niedergeschlagenheit. Es kapselt sich ab. Diese Phase kann sich, insbesondere wenn die elterliche Trennung in die Pubertät fällt, über Jahre hinziehen. Dabei kann Verdrängung in unmittelbarer Folge der Trennung einen durchaus positiven Charakter haben: Das Kind lässt weitere gefühlsmäßige Einflüsse nicht an sich heran, um zunächst mit dem bedrückenden Erlebnis fertig zu werden. Halt geben, sich dem Kind als Ansprechpartner anbieten, sind in dieser Phase angemessener, als ständig in das Kind einzudringen und mit ihm über die Trennung zu sprechen.
- Auf die Schockphase folgt manchmal die Phase des Nichtwahrhaben-Wollens, die sich in Aggressionen äußert, meist gegenüber jenem Elternteil, bei dem das Kind lebt. Man kann dem Kind nichts recht machen und wird für das Scheitern der Paarbeziehung zur Verantwortung herangezogen. Aber es können auch Regressionen auftreten: Das Kind nässt wieder ein, fängt an zu nuckeln, entwickelt intensive Kuschelbedürfnisse, hat Trennungsängste, lässt Mutter oder Vater nicht los oder hat Schlafstörungen. Sowohl die aggressiven wie regressiven Äußerungen sind gleichermaßen Zeichen von Trauer.
- Parallel zur aggressiven Phase kommt es nicht selten zu einer Idealisierung jenes Elternteils, bei dem das Kind nur am Wochenende oder im Urlaub lebt. Da dies in den meisten Fällen

die Väter sind, besteht die Gefahr, dass diese sich als Holiday- oder Disneyland-Vater darstellen, der seinen Kindern jeden Wunsch von den Lippen abliest.

Halten Vater wie Mutter einen konsequenten Erziehungsstil durch, kann es schließlich zu einer Wiederannäherung kommen, die sich durch ein ausgewogenes Miteinander von Nähe und Distanz zu beiden Elternteilen auszeichnet.

Kinder durchleben alle Phasen, die nicht chronologisch so ablaufen müssen wie hier dargestellt. Und auch die Intensität des Erlebens der einzelnen Phase hängt stark vom Alter des Kindes ab: So lassen Pubertierende Gefühle nur selten heraus, kapseln sich ab, verweigern sich den Gesprächsangeboten der Eltern. 2- bis 6-Jährige suchen häufig die Schuld bei sich, versuchen die elterliche Partnerschaft zu kitten, während bei Kindern im Grundschulalter die Schulleistungen nachlassen können.

Kinder sind den emotionalen Einflüssen, die elterliche Trennungen mit sich bringen, keinesfalls hilflos ausgeliefert. Gerade jüngere Kinder verarbeiten die Erlebnisse im Spiel. Gespräche mögen eine Hilfe sein, überfordern die Kinder jedoch nicht selten. Dies trifft insbesondere für jüngere Kinder zu. Erst wenn Kinder mit eigenen Erklärungsansätzen nicht weiterkommen, fragen sie ihre Eltern, warum deren Beziehung auseinander gegangen ist. Viele Eltern wollen dann das Beste und ergehen sich in umfangreichen Erklärungen. Doch lange Statements überfordern Kinder. Bei Gesprächen gilt es, vier Gesichtspunkte zu berücksichtigen:

- Arbeiten Sie mit Rückfragen, wenn Ihr Kind Fragen hat, z. B.: «Warum ist Papa gegangen?» – «Was meinst du, warum er fort ist?» Die Antwort des Kindes könnte lauten: «Weil ihr euch so viel gestritten habt!» Solche Antworten kann man beruhigt stehen lassen. Wenn das Kind weitere Informationen haben will, wird es nachhaken. Und wenn Ihnen ein Kind über einen langen Zeitraum hinweg Löcher in den Bauch fragt, ist das ein

Zeichen dafür, wie sehr es sich mit dem Thema Abschied beschäftigt.

- Wenn das Kind Sie zu eigenen Stellungnahmen auffordert («Aber ich will wissen, was du dazu denkst!»), geben Sie kurze Erklärungen und schauen es dabei an. Dadurch können Sie überprüfen, welche Reaktion Ihre Antwort auslöst. Sehr häufig provozieren die elterlichen Erklärungen weitere Nachfragen, auf die man dann mit weiteren Gegenfragen eingehen könnte.
- Vermeiden Sie alles, was beim Kind dazu führt, dass es sich an der Trennung schuldig fühlt (z. B.: «Wir haben uns häufig deinetwegen gestritten!»). Suchen Sie die Verantwortung bei sich! Geben Sie dem Kind das Gefühl, dass Sie weiterhin seine Eltern sind und gemeinsam für es sorgen! Bedenken Sie: Trotz einer Trennung kann man sich als Eltern gegenseitig achten!
- Rituale erweisen sich als wichtig, z. B. die Besuchsregelung, die regelmäßigen Anrufe, die Gestaltung des Urlaubs etc. Kinder sind in Trennungsphasen zwar gefühlsmäßig erheblich berührt, zugleich denken sie aber auch zweckorientiert: «Wer fährt mich zum Fußballtraining?» – «Wer kocht mittags das Essen?» – «Wer macht mit mir Hausaufgaben?» – «Wer repariert das Fahrrad?» – «Wer geht mit mir angeln?»

Nicht die Trennung wirft mithin Probleme auf, es ist vielmehr die Art und Weise der Trennung, die zu einer Überforderung der Heranwachsenden führen kann:

- Manchen Kindern wird der Kontakt zum ausgezogenen Elternteil untersagt in der Annahme, so könnten sie den Abschied besser verkraften – nach dem Motto: Aus den Augen, aus dem Sinn. Dies ist ein Irrtum. Wenn Kinder die Beziehung zu beiden Eltern wünschen, muss man sie ihnen ermöglichen.
- Wenn der Expartner herabgewürdigt wird, bringt man damit das Kind in Loyalitätskonflikte. Eine Entwertung des Partners findet auch statt, wenn man beispielsweise die Aktivitäten, die

der «Ex» mit den Kindern unternimmt, gering schätzt oder wenn dieser die Exfrau kritisiert, sich wohl zu wenig um die Kinder zu kümmern.

- Kinder sind keine Kuriere, die im Auftrage der getrennt lebenden Eltern Botschaften übermitteln: «Sag Papa einmal ...!», «Was meint Mama dazu, wenn du ...» Und Kinder sind auch keine Spione, die das Leben des oder der «Ex» auskundschaften.
- Das Besuchsrecht erfüllt nur dann seinen Sinn, wenn dem Kind damit ein Stück Normalität in einer krisenhaften Zeit geboten wird.
- Kinder dürfen nicht zum Partnerersatz werden: Jüngere Kinder sind überfordert, wenn man sie als Kuschelkissen benutzt, um Einsamkeit zu überwinden. Pubertierende Kinder eignen sich nicht als Gesprächspartner, denen man alles anvertraut, um sich Sorgen von der Seele zu reden. Wenn Eltern ihre Trennungsgefühle bearbeiten wollen, sollten sie sich adäquate Gesprächspartner suchen.
- Unklare Trennungen überfordern Kinder maßlos. Wenn sie auf Fragen nach möglicher Trennung keine oder unzureichende Antworten bekommen, wenn der eine Partner ständig ein- und auszieht, wenn man ihnen den Kontakt zum Partner untersagt oder sie in eine eheliche Auseinandersetzung einbezieht, dann reagieren sie verunsichert.

Katharina, 11 Jahre, litt unter der Krise ihrer Eltern. Sie fühlte sich mitschuldig daran, dass ihr Vater ausziehen wollte. Dieser Zustand zog sich schon über drei Jahre hin, Jahre, in denen Katharina ständig kränkelte. Sie fehlte häufig in der Schule. Freunde zogen sich von ihr zurück. Katharinas Bestreben war es, die Eltern in Sorge um das gemeinsame Kind am Krankenbett zu vereinen. Ihr Zustand verschlimmerte sich. Eine Asthmaerkrankung nahm lebensbedrohliche Züge an.

Die Eltern kamen auf Anraten eines Kinderarztes in die Beratung. Sie hatten den Zusammenhang zwischen den psychosomatischen Reaktionen ihrer Tochter und der unklaren häuslichen Situation wohl geahnt, aber nicht in der vollen Tragweite erkannt. Gemeinsam wurde ein Trennungsritual entwickelt: Der Vater zog nun endgültig aus. Wichtigster Gesichtspunkt der Vereinbarung war jedoch die Besuchsregelung, an deren formaler und inhaltlicher Gestaltung Katharina beteiligt war. Acht Wochen nach Auszug des Vaters und der Gewissheit für Katharina, ihn regelmäßig jedes zweite Wochenende sehen und jederzeit anrufen zu dürfen, besserte sich urplötzlich ihr gesundheitlicher Zustand. Nach einem halben Jahr war sie völlig gesund, ja es schien, als habe man ihr eine Last genommen.

Pauls Mutter hatte sich von ihrem Mann getrennt, als ihr Sohn 3 Jahre war. Der Scheidung war eine nervige eheliche Auseinandersetzung vorausgegangen. Zwar sah Paul seinen Vater regelmäßig, trotzdem machte sich die Mutter erhebliche Sorgen. Paul war inzwischen 9 Jahre und nässte noch regelmäßig ein, obgleich er, wie zahlreiche Untersuchungen bewiesen, organisch gesund war. So richtig trocken sei Paul nie gewesen, erklärte die Mutter. Aber jetzt mache sie sich Gedanken, weil in der Schule über ihren Sohn geredet werde. «Und auch dem Paul wird es langsam unangenehm.» Sie erzählt mir von der Situation ihrer Trennung: «Ich hab das damals durchgezogen!» Was sie damit meine, will ich wissen. «Na ja! Ich lebte auf dem Dorf! Alle waren gegen die Trennung. Man habe eben nicht den Himmel auf Erden. Das sei nun mal so! Und einen Märchenprinzen, den gebe es schließlich nicht!»

Sie macht eine Pause: «Ich hab's dann aber doch getan. Ich verstand mich einfach nicht mit meinem Mann. Wir passten nicht zusammen. Und wir haben uns auch einigermaßen gütlich getrennt!» Die Verwandten hätten ihr Angst gemacht, Paul würde unter dieser Situation leiden, gar zum seelischen Krüppel werden. Deshalb habe sie besonders auf Paul geachtet. Sie habe ihm sehr genau und immer wieder erklärt, warum man sich von Papa getrennt habe. «Ich glaube schon», fügt sie nachdenklich hinzu, «ich habe ihn damit überfordert. Aber ich meinte es doch nur gut!» Sie schüttelt den Kopf: «Und dann hab ich ihn häufig bei mir im Bett schlafen lassen. Er sollte ja nicht so allein sein! Tja, und ich wollte es auch nicht!»

Sie sieht mich an: «Und wenn er traurig war, habe ich ihn sofort abgelenkt. Er sollte einfach nicht traurig sein! Und dann fingen auch die Verwandten wieder an zu reden!» Ob sie damals einen Lieblingsspruch gehabt habe, frage ich. «Ja», sagt sie spontan: «Paul, wir müssen jetzt ganz stark sein! Wir schaffen das auch ohne Papa hier zu Hause!» – «Haben Sie denn getrauert, als die Beziehung zu Ende ging?», bin ich neugierig. «Wo kommen Sie hin, ich konnte mich doch nicht hängen lassen! Schon wegen Paul nicht!» Keine Träne habe sie geweint, obgleich sie häufig genug traurig gewesen sei.

«Paul sorgt besser für sich als Sie!», stelle ich fest. Sie runzelt die Stirn: «Verstehe ich nicht.» – «Da Sie keine Tränen in seinen Augen sehen wollten, hat er nach unten geweint, um sich so zu entlasten!» – «Ist das seine Trauer?», fragt sie. Ich nicke. Sie habe sich so etwas auch schon gedacht, aber diesen Gedanken sofort verdrängt. «Aber Paul zeigt Ihnen noch etwas!» Sie sieht mich fragend an. «Er möchte, dass seine Mutter gut für sich sorgt. Er möchte, dass seine Mutter ihn nicht aus schlechtem Gewissen umsorgt oder weil sie meint, etwas wieder gutmachen zu müssen!» Ich sehe sie an: «Paul zeigt Ihnen: Mama, sorge für dich, ich tu's doch auch!» Sie atmet tief aus: «Ich bin ja auch fertig, völlig fertig!» Tränen schießen ihr in die Augen, sie fängt augenblicklich an zu weinen. «Das erste Mal», sagt sie, als sie mit dem Schluchzen aufhört. «Das erste Mal in der langen Zeit!»

Als Pauls Mutter eine Gesprächsgruppe allein erziehender Mütter besucht, für einige Wochen eine psychosomatische Kur antritt, wird Pauls Einnässen weniger. Als dieser dann noch eine spieltherapeutische Unterstützung erhält, hört das Weinen «nach unten» ganz auf. Paul ist nicht mehr Partnerersatz für die Mutter. Er wird als ein selbständiger Mensch behandelt, der mit einer schwierigen Situation fertig wird. Als er sieht, wie seine Mutter für sich sorgt, findet er Verlässlichkeit und Sicherheit, muss er seine Trauer nicht mehr unterdrücken.

Verlässlichkeit und Sicherheit bietet Kindern schon eine klare Besuchsregelung. Auch wenn mit festen Vereinbarungen (z. B. alle 14 Tage am Wochenende und dazwischen ein Nachmittag) möglicherweise eine gewisse Starrheit verbunden ist, führen flexible Regelungen manchmal zu Unverbindlichkeit. Rituale – und die gehen mit dem Besuchsrecht einher – bedeuten für das Kind Stabilität. Kinder mögen Rituale, Kinder brauchen Rituale. Im «Kleinen Prinzen» von Saint-Exupéry will der Fuchs vom Prinzen wissen, wann dieser wiederkomme, damit er anfangen könne, sich zu freuen. Und zur Begründung fügt der Fuchs hinzu: «Wenn du aber irgendwann kommst, kann ich nie wissen, wann mein Herz sich freuen soll.» Haben sich Kinder einmal an verlässliche Besuchsregeln gewöhnt, können flexible Vereinbarungen hinzutreten, die mehr Spontaneität zulassen. Drei Gesichtspunkte scheinen mir bei Besuchsregelungen wichtig:

- Für den besuchten Elternteil gilt, den Kontakt so normal wie möglich zu gestalten. Gemeinsame Gespräche, Spiele und Unternehmungen sind ungleich wichtiger als Disneyland-Besuche. Achten Sie darauf, dass das Kind bei Ihnen zumindest eine Ecke hat, die ihm gehört. Auch vertrautes Spielzeug, das dort liegt, baut Sicherheit auf!
- Kinder reagieren nach dem Besuch nicht selten widerspenstig, ungeduldig, intolerant. Dies führt manchmal zu der Überlegung, die Besuche einzustellen, weil man meint, das Kind würde darunter leiden. Solche Einstellung unterschätzt Kinder. Sie können sich mit Abschieden arrangieren, auch wenn

diese wehtun. Und umgekehrt gilt: Wenn Kinder den ausgezogenen Partner nicht sehen wollen, muss man mit ihnen und dem «Ex» darüber reden, wie man Besuche möglicherweise anders gestalten kann. Man kann Rituale des Übergangs schaffen, dem Kind vertraute Sachen mit auf den Weg geben, einen Anruf versprechen – all dies sollte mit einem gewissen Nachdruck geschehen. Allerdings hat es wenig Sinn, Zwang auf das Kind auszuüben oder es moralisch unter Druck zu setzen.

- Sollten die Auseinandersetzungen auf der Paar-Ebene nicht geklärt sein und diese die Besuche überschatten, empfiehlt es sich, besondere Übergaberituale zu inszenieren: Zum Beispiel kann man die Kinder bei einer neutralen Person abgeben, damit sie dort vom Partner abgeholt und später auch wieder hingebracht werden. Denn gibt es bei der Übergabe ständig partnerschaftlichen Streit, zieht dies für das Kind emotionalen Stress nach sich. Und manchmal trauen Kinder sich nicht, Gefühle zu zeigen, die sie haben. Wenn ein Kind beispielsweise seinen Vater 14 Tage nicht gesehen hat, freut es sich auf ihn. Und dann sollte die Mutter es zulassen, wenn das Kind ihren «Ex» umarmt. Kann sie das nicht aushalten, muss ein Übergang gefunden werden, der dem Kind einen unbefangenen Umgang mit dem Vater ermöglicht.

Trotz aller Regelungen kann es zu Krisen kommen, insbesondere wenn Väter ausgezogen sind und sich der Kontakt zwischen Kindern und Vater lockert.

Jonas und Maria besuchten ihren Vater anfangs jedes zweite Wochenende. «Sie gingen gerne hin», erzählt Jutta Schneider. «Es war für sie das Schlaraffenland. Meinem Exmann ging es finanziell gut, er überhäufte sie mit Geschenken, machte die tollsten Urlaube … Karibik, Malediven … das Beste war gerade gut genug. Und sie konnten bei ihm tun und machen, was sie wollten.» Sie stockt, ihre Augen werden schmal: «Und das führte dazu, dass sie mich gegen ihn ausspielten. Ja, sie drohten mit Auszug, wenn ich Forderungen hatte oder mal nein sagte.

Bei mir war eben Alltag. Aber ich bin trotz der Nötigungen nicht umgefallen, sondern bei meiner klaren Linie geblieben. Und ich hab meinen Mann gebeten, mit den Kindern auch mal den normalen Alltag auszuprobieren, ihre Sorgen, ihren Ärger kennen zu lernen. Aber das wollte er partout nicht. Das ging bis vor etwa zwei Jahren gut. Dann wollten sie von ihrem Vater nichts mehr wissen. Sie gingen nicht mehr hin, obgleich ich sie immer wieder gebeten habe. Es sei so fad bei ihm, erklärten sie, er würde nicht wirklich an ihrem Leben interessiert sein. Nichts könnten sie mit ihm besprechen. Entweder mache er sich über ihre Probleme lustig, oder er versuche, alles mit Geld zu lösen.»

Als ich die Meinung des Vaters, Rolf Schneider, hören will, zuckt er im Laufe des Gesprächs mit den Achseln: «So ist es eben! Du bist eine Zeit lang die Milchkuh! Die melken dich, und wenn du nicht mehr gebraucht wirst, schieben sie dich ab!» Als ich ihm erzähle, die Kinder hätten das Gefühl, er nehme nicht wirklich an ihrem Alltag teil, meint er resignierend, er habe selber genug Probleme und Kinder gehörten letztendlich zur Mutter: «Das ist ein Naturgesetz! Da kommt man als Mann nicht gegen an!»

Scheidungen schmerzen – nicht nur die Kinder, auch die Eltern leiden! Doch manchmal sind Trennungen unumgänglich, wenn man sich auseinander gelebt und nichts mehr zu sagen hat. Bleibt man dann nur der Kinder wegen zusammen, bürdet man diesen eine ungeheure Last auf. Nicht selten entwickelt sich ein Schrecken ohne Ende. Um nicht missverstanden zu werden: Wenn Eltern sich trennen, dann tut das weh. Tränen der Verzweiflung, Weltschmerz und Verlassenheitsängste können entstehen. Aber diesen Gefühlen müssen Kinder nicht hilflos ausgeliefert sein. Sie können lernen, mit ihnen umzugehen, wenn man

Regeln und Rituale abspricht. Dies gilt insbesondere für die sich trennenden Eltern. Doch manchmal habe ich den Eindruck, dass es schwierig ist, Väter für diese Wege zu begeistern. Wenn sich Trennungen abzeichnen, Väter ausziehen, dann brauchen sie den Kontakt zu ihren Kindern nicht aufzugeben, wenn sie einige Grundsätze beherzigen:

- Es scheint auf den ersten Blick einfacher, den Disneyland-Vater zu spielen, der seine Kinder ausschließlich am Wochenende sieht und mit ihnen nur die angenehme Seite des Lebens genießt. Doch haben Kinder – insbesondere wenn sie sich zum jungen Erwachsenen entwickeln – schnell genug vom Schlaraffenland. Sie wollen als ganze Person – und dazu gehören neben den Freuden und Glücksmomenten auch Sorgen und Nöte – angenommen werden. Mein Rat an die Väter: Beteiligen Sie sich so früh wie möglich am Alltag Ihres Kindes. Geben Sie nicht jeder Laune und Forderung Ihres Kindes nach, auch wenn diese damit droht, Sie dann nicht mehr zu besuchen.
- Regelmäßigkeit und Verlässlichkeit sind Grundvoraussetzungen dafür, dass getrennt lebende Väter sich nicht von ihren Kindern entfremden, sondern eine stabile Beziehung aufbauen, in der man sich gegenseitig einiges zumuten kann. Man kann als «entfernter» Vater nicht unmittelbar und spontan am Alltag der Kinder teilnehmen, aber ein gemeinsamer, vor allem kindgerechter Urlaub kann das Gefühl der Zusammengehörigkeit stärken.
- Jede Vater-Kind-Beziehung hat ihre Krisen, unabhängig von der Tatsache, ob die Eltern gemeinsam oder getrennt leben. Mein Rat: Deuten Sie Abgrenzungsversuche des Kindes nicht vorschnell als Rückzug, sondern als ersten Schritt, die Beziehung aus der Sicht des Heranwachsenden neu zu gestalten. Und bedenken Sie: Je älter Ihr Kind wird, umso mehr werden

Sie aus der Vaterrolle entlassen. Dies zu erkennen ist nicht immer einfach, übersieht man doch schnell Entwicklungsschritte des Kindes, weil man nicht jeden Tag mit ihm zusammen ist.

- Treten Sie nicht in eine Konkurrenz zum neuen Partner Ihrer Frau. Verstehen Sie die Zuneigung Ihrer Kinder zu diesem Mann – auch wenn damit Schmerz und Trauer verbunden sind. «Mir tut es weh», so ein Vater, «wenn ich meine Kinder nach einem schönen Wochenende wieder zu Hause abgebe und sie sich auf den Partner meiner Frau freuen. Und es gibt einen Stich, wenn sie ihn liebevoll umarmen! Aber Abschiede schmerzen, und ich weiß, dass in jedem Abschied ein neuer Anfang steckt. Das hat man im Kopf sehr schnell klar, nur der Bauch braucht länger dazu!»

Trennung tut weh, Abschied schmerzt. Doch auch wenn Eltern sich trennen, bleiben sie Eltern. Das Kind ist das Ergebnis einer gemeinsamen Liebe, die es zum Wohle des Kindes gilt fortzusetzen – wenn auch in unterschiedlichen Zeiten und Räumen. So wie das Kind das Recht auf Achtung und Respekt hat, so hat der Expartner oder die Expartnerin ein Recht darauf, anerkannt zu werden. Wer den jeweils anderen Partner ständig herabsetzt, bringt das Kind in Loyalitätskonflikte und erschwert die Auseinandersetzung des Kindes mit der Trennung. Und schließlich: Kinder mögen Vater *und* Mutter, auch wenn diese getrennt leben. Eltern haben nicht das Recht, diese Gefühle des Kindes zu zerstören. Dies gilt selbst dann, wenn der Vater sich von der Familie gelöst hat, nichts mehr von seiner Exfrau oder seinem Kind wissen will. Dann machen Kinder sich – spätestens in der Pubertät – auf den Weg, ihren Vater zu suchen.

13. Das Wachsen von Stieffamilien

«Ich habe es mir mit einer erneuten Bindung sehr schwer gemacht», erzählt Melanie Bartels, Mutter des 11-jährigen Thomas Martens, ihres Sohns aus erster Ehe. «Ich wusste, ich bin ungerecht gegen Thomas. Aber ich mochte doch auch den Josef, meinen jetzigen Mann. Und ich konnte mir gut vorstellen, dass die miteinander klarkommen. Denn das hatte ich ja vorher erlebt. Aber es war schon was anderes, als wir dann zusammenlebten. Vorher war Josef ein Freund, aber jetzt ging Thomas mit einem Male auf Distanz. Und in diesem Moment intensivierte sich auch der Kontakt zu seinem Vater, so als wollte er Josef sagen: ‹Ich hab auch noch einen richtigen Vater.› Es hat wirklich lange gedauert, bis die beiden sich gefunden haben. Und manchmal stand ich zwischen ihnen und hatte Angst, die Beziehung zu Josef würde scheitern.»

«Es war sehr schwer in der ersten Zeit», erinnert sich Josef Bartels. «Ich hatte ja Erfahrung mit meiner Tochter, die bei meiner Frau geblieben ist. Aber jetzt wollte ich es besonders gut machen in der Partnerschaft. Ich wollte dem Thomas schon ein guter Vater sein.» Er stockt: «Nein, mehr Partner sein. Aber je mehr ich mich bemühte, umso distanzierter war Thomas. Das war wohl zu viel des Guten.» Aber darauf sei er erst hinterher gekommen.

«Und wichtig war, dass Sie», er weist auf mich, «uns sagten, wir seien eben keine Normalfamilie. Wir seien eine Stieffamilie. Als ich mir das klar machte, ging vieles besser. Ich hörte auf, anderen beweisen zu wollen, dass ich ein guter Ehemann und ein guter Vater sein kann. Da fiel eine Last von mir ab. Ich denke, das gilt auch für Thomas.» Der nickt: «Ich empfand es schon als eine Riesensauerei von meiner Mutter, dass sie Josef anschleppte. Wir hatten ja schließlich vier Jahre allein gelebt. Und dann präsentiert sie mir diesen Typen. Und irgendwann sagt sie, sie will den auch noch heiraten.» Er hätte ja auch nichts gegen ihn gehabt. Nett sei er gewesen. «Aber trotzdem war ich wütend auf ihn.» Er habe gedacht, Josef sei nur so nett, um «ein Supervater zu sein, eben besser als Martin, mein Papa».

Was ihm geholfen habe, Josef zu akzeptieren, will ich wissen. «Ach», meint er fast philosophisch, «da fließt so viel Wasser die Elbe runter in vier Jahren. Man gewöhnt sich eben an alles.» Ob das Resignation sei, frage ich zurück. «Nein, mit der Zeit habe ich gemerkt, Josef ist genauso nett wie mein Vater. Der haut den nicht in die Pfanne. Und was er macht, das macht er ehrlich!» Er stutzt, sieht mich an. Das Tollste sei gewesen, als «Sie», er lacht mich an, «vorschlugen, mit Martin segeln zu gehen und Josef mitzunehmen. Ohne Mama! Eine Männertour. Und als ich gemerkt habe, die verstehen sich, da war's toll. Die haben eben nicht nur zusammen gesoffen. Und wie die über Mama geredet haben, da war ein Heidenrespekt! Da hab ich gedacht, du hast zwei Väter, einen richtigen und einen Vizevater!»

Als Martin Martens das hört, lacht er seinen Sohn an: «Tja, aber es war ein schwerer Weg dorthin.» Und manchmal denke er sich, viel zu wenig Zeit für seinen Sohn zu haben. «Aber wie Josef für ihn sorgt, das finde ich schon in Ordnung. Auch wenn ich manchmal anders darüber denke. Ich bin eben doch anders als Josef!»

Der Anlass für dieses Beratungsgespräch waren Thomas' nachlassende Schulleistungen, sein aggressives Verhalten gegenüber Lehrern, das die Mutter darauf zurückführte, dass Thomas in einer Stieffamilie aufwuchs, zwischen zwei Vätern hin- und herpendelte. Eine ebenso verständliche wie vorschnelle Meinung, denn Heranwachsende vollziehen den Übergang in eine Stieffamilie häufiger ohne größere Anpassungsprobleme. Und der eine oder andere heftige Gefühlsausbruch darf nicht dazu verführen, Konflikte und Unsicherheiten, die sich bei Kindern und Jugendlichen zeigen, allein und ausschließlich auf die Herausforderungen einer Stieffamilie zurückzuführen. Bei Thomas stellte sich heraus: Es war zunächst seine pubertäre Entwicklungsgeschichte, die zur Null-Bock-Stimmung auf Schule beitrug, die ihn an alles andere, aber nicht an die Schule denken ließ. Gleichwohl zeigt das angeführte Beratungsgespräch einige Anpassungsprobleme und Konfliktsituationen, mit denen Stieffamilien zu kämpfen haben.

Der Gründung einer Stieffamilie ist meist ein Verlust vorausgegangen, der mit Schmerz, Zorn, Trotz, Trauer und Verlassensangst aller Beteiligten verbunden ist und eine komplexe und beladene Dynamik hervorbringen kann. Stieffamilien entwickeln sich nicht langsam. Sie sind mit einem Male da. Man hat kaum eine Chance, sich auf die neue Situation einzustellen. Da ist die Frau, die sich wieder bindet und es dem neuen Partner und dem Kind recht machen will, da ist der Stiefvater, der sich plötzlich einer Erziehungsverantwortung gegenübersieht und sich seine Partnerin mit dem Kind teilen muss, da ist das Kind, das einen Stiefvater bekommt und manchmal auch noch Stiefgeschwister. Da gilt es, viele Herausforderungen zu bewältigen, die einen manchmal überfordern. Die gemeinsame Kommunikation zwischen allen Familienmitgliedern ist in einer Stieffamilie unabdingbar, will man größere und kleinere Krisen meistern.

Während für die Frau mit der Wiederverheiratung möglicherweise ein Traum in Erfüllung geht, sie sich verpflichtet fühlt, es nun endlich richtig zu machen, bedeutet der Schritt für das Kind Trauer und Schmerz. Jene Person, mit der es über eine längere Zeit allein gelebt hat, die Halt, Sicherheit und Geborgenheit symbolisiert hat, scheint nun verloren. Was für die Mutter (oder den

Vater) einen Gewinn darstellt, erscheint dem Kind als unwiederbringlicher Verlust. Eifersucht auf den Stiefvater (oder die Stiefmutter) kann ebenso die Folge sein wie Aggression auf den leiblichen Elternteil, der sich vermeintlich vom Kind abwendet.

Aber auch für den Stiefvater oder die -mutter, die kulturell sowieso schlecht beleumdet sind, gilt es, sich neuen Aufgaben zu stellen: Man muss sich in die Rolle – und dies manchmal über Jahre hinweg – einfinden und eine eigene Identität finden. Und auch Kinder brauchen Zeit, sich auf den Stiefvater (oder die -mutter) einzulassen. Je jünger die Kinder sind, umso mehr Geduld braucht es. Zuwendung kann man nicht erzwingen. Man sollte alles vermeiden, was Kinder unter Druck setzt. Wer von Kindern verlangt, den neuen Partner der Frau als «Papa» anzusprechen, überfordert sie, um es äußerst vorsichtig zu formulieren.

Für Stiefelternteile gilt: Die Beziehung zum leiblichen Elternteil ist biologisch und familiengeschichtlich geprägt. Statt dagegen anzukämpfen, heißt es für die Stiefeltern, nicht in Konkurrenz mit dem leiblichen Vater oder der leiblichen Mutter zu treten. Wichtiger ist, eigene unverwechselbare Züge zu entwickeln. Dazu zählt, den leiblichen Elternteil nicht auszugrenzen, ihn vielmehr – falls er es wünscht – in die Erziehung des Kindes mit einzubinden, ihm die Möglichkeit zu geben, seine eigene Beziehung zum Kind fortzusetzen. Und stimmt die partnerschaftliche Beziehung zwischen leiblicher Mutter und dem Stiefvater (oder umgekehrt), dann kann der leibliche Elternteil Erziehungsaufgaben an den Stiefelternteil übertragen. Aber bedenken Sie: Dies muss für das Kind nachvollziehbar sein. Das Einvernehmen zwischen den neuen Partnern ist unverzichtbar. Und je klarer diese Einigkeit ist, umso weniger können Kinder die Partner gegeneinander ausspielen, selbst dann nicht, wenn man in erzieherischen Detailfragen unterschiedlicher Auffassung ist. Da die Beziehung zum leiblichen Elternteil bleibt, das Kind mithin Kontakt und Bezugspersonen (z. B. Oma und Opa, Tanten und Onkel etc.) auch außerhalb der Familie hat, ist es wichtig, den Expartner nicht herabzuwürdigen, dem Kind die Beziehung zum «Ex» zu ermöglichen, diesen – so er es wünscht – in die Erziehung mit einzubinden.

Abwertungen des leiblichen Vaters führen dagegen schnell zu erheblichen Loyalitätskonflikten beim Kind. Aber solche Konflikte können auch durch überfürsorgliche, überengagierte Stiefelternteile entstehen. «Meine Stiefmutter», so der 12-jährige Robert, «gab sich alle erdenkliche Mühe. Aber ich mochte doch auch meine Mutter. Die kochte gut Himbeermarmelade. Also kochte meine Stiefmutter auch Himbeermarmelade, weil ich so selten bei meiner Mutter war. Sie meinte es so gut, und da mochte ich ihr nicht sagen, dass ihre nicht so gut schmeckte. Oder wenn mich meine Mutter dann nach Hause brachte, und ich sah meine Stiefmutter, und ich freute mich wirklich, sie zu sehen, dann hab ich sie nur flüchtig umarmt, weil ich nicht wollte, dass meine Mutter sich verletzt fühlte.»

Kinder können zu vielen Bezugspersonen intensive Gefühle entwickeln und Zuneigung aufbauen: Sie können den leiblichen Vater oder die Mutter weiter lieben, ohne den Stiefvater oder die Stiefmutter zu verraten, können intensive Gefühle zu den Stiefeltern aufbauen, ohne die leiblichen Elternteile abzuwerten. Kinder können in zwei Familien aufwachsen, bei der leiblichen Mutter mit dem neuen Partner genauso wie mit dem leiblichen Vater mit der neuen Partnerin, ohne dass sie diese Situation verwirrt. Entscheidend ist, dass sie die alte Familie nicht für die bessere, die neue für die schlechtere halten. Wer Kinder in eine Entweder-oder-Haltung bringt, missbraucht sie für eigene Zwecke. Kinder können mit einer Sowohl-als-auch-Position angemessener leben. Denn auch jene Elternteile, bei denen das Kind zu Besuch ist, die zeitlich weniger präsent sind, stellen keine Elternteile zweiter Wahl dar.

«Eigentlich», so erzählt mir ein Vater, dessen zwei Kinder bei der Mutter und deren neuem Partner aufwachsen, «habe ich doch keine Chance. In der wenigen Zeit, die sie bei mir verbringen, kann ich doch nicht rüberbringen, was mir wichtig ist.»

Aber die Vermittlung von Werten ist keine Zeitfrage. Entscheidend ist vielmehr, wie Eltern Normen und Werte vorleben. «Ich esse sehr gerne», berichtet der jetzt 22-jährige Philip. «Und koche gerne. Meine Mutter und mein Stiefvater hatten dazu keine Lust. Das habe ich bei meinem Vater schätzen gelernt, und das, obwohl ich nur dreimal im Jahr bei ihm war.»

Zweifellos gibt es für Kinder immer eine Familie, in der sie sich zeitlich länger und häufiger aufhalten. Dies bringt Normalität, Vertrautheit und Sicherheit mit sich. Demgegenüber kommt sich das Kind in jener Familie, in der es nur vorübergehend lebt, wie ein gern gesehener Gast vor. Aber auch dann kann man Alltäglichkeit aufbauen, zum Beispiel indem das Kind sein Zimmer hat, Freunde mitbringen kann oder es in vertraute Abläufe der Familie eingebunden ist.

Wie jede andere Familie hat auch die Stieffamilie Krisensituationen zu bewältigen. Diese entstehen dann, wenn der leibliche Elternteil ausgegrenzt wird oder so getan wird, als sei die Stieffamilie eine ganz normale Familie. Die Grenzen der Stieffamilie sind durchlässiger, poröser. Deshalb müssen sie klarer gezogen werden.

Nun wird der leibliche Elternteil nicht immer ausgegrenzt, manche Väter ziehen sich – aus verschiedensten Gründen – zurück. Kinder können damit eine Zeit lang leben. Kommen sie aber in die Pubertät, suchen sie nicht selten nach dem verlorenen Elternteil. Pubertierende fragen nach dem Wohin und dem Woher. Und Letzteres wird auch durch den Vater symbolisiert. Er repräsentiert Geschichte und Herkunft. So war es bei Max. Sein Vater war kurz nach der Geburt unbekannt verzogen. Auch Max' Mutter hatte keinerlei Kontakt mehr. Nachforschungen, die sie wegen des Unterhalts gestellt hatte, blieben ergebnislos. Sie lebte seit acht Jahren in einer ausgeglichenen Partnerschaft, in der sie sich aufgehoben fühlte.

Auch Max akzeptierte seinen Stiefvater lange Zeit – bis etwa zum 13. Lebensjahr. Von diesem Zeitpunkt an ließ er sich nichts mehr von ihm sagen, «weil er nicht mein Vater war. Er war ein Zugereister.» Die Situation spitzte sich zu. Max behandelte den Stiefvater schroff, der sich elend und missverstanden fühlte. «Ich habe es immer nur gut gemeint, mich um ihn gekümmert. Und dann das.» Als er die ständigen Spitzen seines Stiefsohnes nicht mehr aushielt, wurde auch er «giftig und ungerecht». Dies führte wiederum dazu, dass sich die Mutter mit Max gegen ihren Partner solidarisierte. Max fragte ständig nach dem Vater, machte sich eigenständig auf die Suche, schrieb Briefe, telefonierte. Es war eine Sisyphusarbeit. Die Mutter unterstützte ihn nicht, um nicht längst verheilte Narben aufbrechen zu lassen.

Als das häusliche Zusammenleben unerträglich wurde, kam sie in die Beratung. Ich bat sie, Max Fotos seines Vaters zu zeigen. Sie hatte in der Zwischenzeit alle vernichtet – bis auf eines, das den Vater bei einem Familienfest im Hintergrund zeigte. Auf meinen Rat hin ließ sie das Bild vergrößern und einen Ausschnitt, das den Vater zeigte, anfertigen. Sie gab ihm das Bild. Er rahmte es ein, platzierte es in seinem Zimmer und fragte in der Folge viel nach seinem Vater. Dies zog sich über ein Jahr hin.

Für die Mutter waren diese Gespräche, die sie mit Max allein führte – er wollte nicht, dass sein Stiefvater dabei war –, eine Konfrontation mit einer verdrängten Vergangenheit. Für Max stellten diese Gespräche eine Begegnung mit seinem Vater dar, den er ganz offensichtlich nicht mehr wieder sehen würde. Und je mehr er sich dieser Tatsache bewusst wurde, umso mehr beruhigte sich das Familienleben. Der Kontakt zum Stiefvater stabilisierte sich nicht nur, die Beziehung zu ihm intensivierte sich. «Es war für mich schwer auszuhalten, bei den ganzen Gesprächen außen vor zu bleiben», erinnert sich der Stiefvater. «Aber ich habe eingesehen, es gibt eine Geschichte in der Familie, in der ich keinen Platz habe.» Max' Suche nach dem Vater beinhaltete damit drei Momente:

- Die Auseinandersetzung mit seinem Ursprung, seinen Prägungen und seiner Biographie.
- Die Vergewisserung eines bestimmten Lebensabschnitts, der nur ihm und seiner Mutter gehört.
- Und schließlich: die Konfrontation mit der Vergangenheit.

Dies war schließlich auch seine Botschaft an die Mutter: Wer die Vergangenheit «totschweigt», schweigt auch das Gute «tot». Und damit letztlich auch Max, der das Ergebnis einer gemeinsamen Liebe war.

Ich komme nochmals auf Thomas zurück. Wir erinnern uns: Thomas' schulische Schwierigkeiten waren zwar pubertätsbedingt, aber die Art und Weise, wie seine Mutter und sein Stiefvater damit umgingen, forderten ihn ganz offensichtlich heraus. Weil sein Stiefvater spürte, dass seine Frau die neue Situation nicht bewältigte, ergriff er die Initiative. Obgleich er sich bemühte, blieben seine Anstrengungen ohne Erfolg. Thomas' Mutter kommentierte Josefs Anstrengungen mit den Worten: «Der gibt sich so viel Mühe, während sich dein Vater um nichts kümmert.» Und obgleich dieser Satz alles andere als pädagogisch wertvoll ist, zeigte er doch Wirkung – wenn auch zunächst nicht die gewünschte.

Thomas verweigerte sich immer mehr, provozierte seinen Stiefvater. Seine schulische Laufbahn glich einer Katastrophe. Obwohl sein Stiefvater mit ihm übte, änderte sich nichts. Thomas schrieb eine schlechte Note nach der anderen. Berufsbedingt war der leibliche Vater zu dieser Zeit im Ausland, hatte wenig Kontakt zu Thomas. Die Eltern kamen in die Beratung, in deren Verlauf ich darum bat, den leiblichen Vater hinzuzuziehen. Dieser erklärte sich einverstanden. Ich ermutigte Thomas' leiblichen wie den Stiefvater dazu, ein gemeinsames Gespräch mit ihm zu führen, ihm die Folgen seines Tuns darzulegen. Zugleich sollten sie sich bei der Nachhilfe abwechseln. Sie waren dazu bereit.

Schon vier Wochen nachdem der leibliche Vater sich in die Erziehung eingeklinkt hatte, gingen Thomas' schulische Leistungen aufwärts. Er wurde kein herausragender Schüler, aber er schaffte die Versetzung. «Aber ist das nicht ungerecht?», fragt die Mutter. «Hat der Thomas also dem Josef nicht den Triumph gegönnt?» So verständlich die Nachfrage der Mutter ist, Thomas hatte ein ganz anderes Interesse. Er wollte seinen leiblichen Vater in die Erziehung einbauen und auch testen, ob sowohl sein Stiefvater als auch der leibliche Vater an seinem Wohl interessiert waren. Übrigens: Als die schulischen Leistungen besser wurden, war Thomas an einer doppelten «väterlichen» Unterstützung nicht mehr interessiert. Von diesem Zeitpunkt an reichte ihm sein Stiefvater.

«Wenn ich rückblicke», so erzählt mir der heute 19-jährige Thomas, «hat mir Josef gut getan. Und ich war anfangs nicht nett zu ihm. Aber nach dem ganzen Streit, den meine Eltern hatten, als ich klein war, war Josef wohl der Richtige für meine Mutter. Der hat Ruhe in die Beziehung gebracht, und er hat nicht mit Papa konkurriert. Für mich gab es eine Familie, die ich mit Papa hatte. Und eine danach, da war Josef wichtig. Irgendwie habe ich das anderen Kindern voraus. Schließlich habe ich zwei dufte Väter. Wer hat das schon?»

Fragt man Kinder aus Stieffamilien, so formulieren sie – jenseits aller Schmerzen, aller Trauer, aller Abschiedstränen – auch Vorteile. Diese liegen in zwei Momenten: Krisen in einer Partnerschaft, die zu einer Trennung führen, beinhalten auch eine Chance zum Neubeginn. Und dieser Neubeginn zeigt Kindern, dass eine auf gegenseitiger Achtung basierende Paarbeziehung möglich ist. Dies kann gelingen, wenn sich die Stieffamilie nicht als Gegenmodell definiert, sondern ein eigenes Selbstverständnis entwickelt, mit eigenen Ritualen, Umgangsformen und Geschichten. Dazu braucht es Zeit. Insbesondere Kinder brauchen viel Zeit.

Stiefmütter und -väter haben nichts mit den finsteren Märchenfiguren zu tun. Wenn es einen Unterschied zwischen ihnen und normalen Familien gibt, dann den: Sie müssen mehr an sich arbeiten, weil sie kritischer beäugt werden. Sie müssen sich klarere Strukturen geben, weil die Grenzen so durchlässig sind. Aber sie sollten so normal wie möglich leben – trotz vieler Vorurteile. Und wenn Eltern in der Stieffamilie eine zweite Chance sehen, sollten sie sich nicht unter Druck setzen, es nun absolut perfekt zu machen. Gerade weil die Stieffamilie aus einer Unvollkommenheit entstanden ist, kann sie mit dem Mut zur Unvollkommenheit leben. Deshalb gilt: Stiefmütter und Stiefväter sollten sich nicht überfordern!

Literatur

Beck, Ulrich / Beck-Gernsheim, Elisabeth: Das ganz normale Chaos der Liebe. Frankfurt 1990.

Beil, Brigitte: Gutes Kind, böses Kind. München 1996.

Biebl, Manfred: Wir wollen doch nur dein Bestes! Salzburg 1991.

Brazelton, T. Berry: Mein Kind verstehen. München 1988.

Brezinka, Wolfgang: Erziehung in einer wertunsicheren Gesellschaft. München 1986.

Cadalbert-Schmid, Yolanda: Aber Papa hat's erlaubt! Warum Männer und Frauen unterschiedlich erziehen. Zürich 1998.

Combe, Sonia: Deine, meine, unsere Kinder. Freiburg 1998.

Dreikurs, Rudolf / Soltz, Vicki: Kinder fordern uns heraus. Stuttgart 1988.

Fisher, Emily B. / Fisher, John S.: Stiefeltern, Stiefkinder und ihre Familien. Weinheim 1995.

Golant, Mitch / Golant, Susan: … Vater sein dagegen sehr. Bergisch Gladbach 1995.

Graham, Laurie: Überlebensbuch für Eltern. München 1993.

Greitemeyer, Dagmar: Die Trennungsfamilie. München 1998.

Grollman, Earl A. / Sweder, Gerri L.: Was Kinder sich von ihren berufstätigen Eltern wünschen. Zürich 1996.

Gürtler, Helga: Kinderärger: Elternsorgen. Ravensburg 1998.

Haberkorn, Rita: Zwillinge. Reinbek 1996.

Hauser-Schöner, Isabell: Kinder brauchen ihre Großeltern. München 1994.

Howarth, Enid / Tras, Jan: Unvollkommen lebt sich's besser. Freiburg 1999.

Jellouschek, Hans: Mit dem Beruf verheiratet. Zürich 1996.

Jong de, Peter / KimBerg, Insoo: Lösungen (er-)finden. Dortmund 1988.

Kasten, Hartmut: Geschwister. München 1998.

Krähenbühl, Verena, u. a.: Stieffamilien. Freiburg 1998.

Macha, Hildegard / Mausermann, Lutz (Hg.): Brennpunkt der Familienerziehung. Weinheim 1997.

Mähler, Bettina: Geschwister. Reinbek 1992.

Mello, Anthony de: Fünf Minuten Weisheit. Freiburg 1986.

Mello, Anthony de: Zeiten des Glücks. Freiburg 1994.

Meyer, Sibylle / Schulze, Eva: Balancen des Glücks. Neue Lebensform: Paare ohne Trauschein, Alleinerziehende und Singles. München 1992.

Nitsch, Cornelia: «Bloß nicht alles richtig machen!» München 1994.

Pikler, Emmi: Lasst mir Zeit. München 1988.

Purves, Libby: Die Kunst (k)eine perfekte Familie zu sein. München 1996.

Reberg, Lotte: Mutters Freund und Vaters Frau. Familienleben nach der Trennung. Reinbek 1994.

Schnack, Dieter / Gesterkamp, Thomas: Hauptsache Arbeit? Zwischen Beruf und Familie. Reinbek 1998.

Schneider, Regine: Gute Mütter arbeiten. Frankfurt 1997.

Schneider, Regine: Die kleinen Bosse. Reinbek 1999.

Schwob, Peter: Großeltern und Enkelkinder. Heidelberg 1988.

Shazer, Steve de: Der Dreh. Heidelberg 1988.

Stoltenberg, Annemarie / Meier, Rainer: Mama hat 'nen neuen Freund. München 1995.

Türkmen-Barta, Lieselotte: «Geschiedene» Kinder? Wien 1992.

Walter, John L. / Peller, Jane E.: Lösungsorientierte Kurzzeittherapie. Dortmund 1996.

Wyrwa, Holger: Die Schlaraffenlandkinder. Weinheim 1998.

Kinder brauchen eine Lobby

In der Deutschen Liga für das Kind arbeiten Fachleute aus den Bereichen Gesundheit, Erziehung, Sozialwissenschaften und Recht zusammen und ermöglichen einen intensiven Kontakt zu Wissenschaft, Praxis und Politik. Dabei stehen folgende Aufgabenbereiche im Mittelpunkt:

Kinder brauchen starke Eltern
Die Elternverantwortung zu stärken, bedeutet nicht nur, öffentlich auf die unverzichtbare Rolle der Eltern hinzuweisen, sondern auch, Eltern selbst Aufklärung und Unterstützung anzubieten.

Kinder brauchen Schutz
Kinder haben ein Recht auf die Förderung ihrer natürlichen Begabungen. Das gilt nicht nur für den rechtlichen Schutz, sondern auch für familienergänzende, wenn nötig familienersetzende Angebote für Kinder.

Kinder brauchen Beteiligung
Schon von Geburt an muß die eigenständige Persönlichkeit des Kindes sowohl im rechtlichen, als auch im psychologischen Sinne Anerkennung finden. Hierzu gehört auch, die Interessen von Kindern und Familien im politischen Raum zu stärken.

Kinder brauchen materielle Gerechtigkeit
Die Entscheidung für ein Kind gehört heute zu den größten Armutsrisiken. Der Beitrag, den die Erziehung von Kindern in der gesellschaftlichen Gesamtrechnung leistet, wird in unserem Steuer- und Rentensystem in einer nicht länger hinzunehmenden Weise unterbewertet. Eine Korrektur dieses Mißstandes ist überfällig.

Kinder brauchen bessere Lebensbedingungen
Beim Wohnungsbau, der Stadt- und Regionalplanung und in allen anderen Feldern, die zur Lebensqualität von Familien beitragen, müsen Bedingungen geschaffen werden, die ein Leben mit Kindern erstrebenswert machen. Dies gilt auch für die Arbeitsplatz- und Arbeitszeitgestaltung der Eltern.